Surpreendido
pela alegria

Tradução
Eduardo Pereira e Ferreira

Surpreendido
pela alegria

C.S.
LEWIS

Edição *especial* |  THOMAS NELSON
BRASIL

Título do original: *Surprised by joy*
Copyright © C. S. Lewis Pte Ltd 1947

Publicado pela primeira vez em 1947, na Grã-Bretanha, por Geoffrey Bles. Edição original de HarperCollins Publishers. Todos os direitos reservados. Copyright da tradução: © Vida Melhor Editora LTDA., 2021.

Todos os direitos desta publicação são reservadores por Vida Melhor Editora LTDA.

Os pontos de vista desta obra são de responsabilidade de seus autores e colaboradores diretos, não refletindo necessariamente a posição da Thomas Nelson Brasil, da HarperCollins Christian Publishing ou de sua equipe editorial.

Publisher	*Samuel Coto*
Editor	*André Lodos Tangerino*
Preparação	*Fabiano Silveira Medeiros*
Diagramação	*Sonia Peticov*
Capa	*Rafael Brum*

Dados Internacionais de Catalogação na Publicação (CIP)
(BENITEZ CATALOGAÇÃO ASS. EDITORIAL, MS, BRASIL)

L652a
    Lewis, C. S., 1898-1963
        Surpreendido pela alegria / C. S. Lewis; tradução de Eduardo Pereira e Ferreira. — 1.ed. — Rio de Janeiro: Thomas Nelson Brasil, 2021.
        272 p.; 13,5 x 20,8 cm.

    Título original: Surprised by Joy.
    ISBN 978-65-56894-75-1

1. Ateísmo. 2. Cristianismo. 3. Conversão — Aspecto religiosos. I. Ferreira, Eduardo Pereira e. II. Título.

08-2021/85   CDD: 248.24

Índice para catálogo sistemático:
1. Conversão: Experiência religiosa: Cristianismo 248.24

Bibliotecária responsável: Aline Graziele Benitez CRB-1/3129

Thomas Nelson Brasil é uma marca licenciada à Vida Melhor Editora LTDA.

Todos os direitos reservados à Vida Melhor Editora LTDA.
Rua da Quitanda, 86, sala 218 — Centro
Rio de Janeiro — RJ — CEP 20091-005
Tel.: (21) 3175-1030
www.thomasnelson.com.br

Surpreendido
pela alegria

Clive Staples Lewis (1898-1963) foi um dos gigantes intelectuais do século XX e provavelmente o escritor mais influente de seu tempo. Atuou como professor e tutor de Literatura Inglesa na Universidade de Oxford até 1954, quando foi unanimemente eleito para a cadeira de Inglês Medieval e Renascentista na Universidade de Cambridge, posição que manteve até a aposentadoria. Lewis escreveu mais de 30 livros, o que lhe permitiu alcançar um vasto público, e suas obras continuam a atrair milhares de novos leitores a cada ano.

Para dom Bede Griffiths,
Ordem de São Bento

SUMÁRIO

Prefácio — 11

Capítulo 1 | Os primeiros anos — 13

Capítulo 2 | Campo de concentração — 33

Capítulo 3 | Mountbracken e Campbell — 55

Capítulo 4 | Ampliação de meus horizontes — 69

Capítulo 5 | Renascença — 84

Capítulo 6 | Os veteranos — 98

Capítulo 7 | Luz e sombra — 118

Capítulo 8 | Libertação — 136

Capítulo 9 | O Grande Knock — 151

Capítulo 10 | A fortuna me sorri — 169

Capítulo 11 | Xeque — 187

Capítulo 12 | Armas e boa companhia — 204

Capítulo 13 | A nova fisionomia — 220

Capítulo 14 | Xeque-Mate — 236

Capítulo 15 | O início — 255

PREFÁCIO

Este livro foi escrito em parte em resposta a pedidos de que eu contasse como passei do ateísmo ao cristianismo, e em parte para corrigir uma ou duas ideias falsas que parecem circular por aí. Até que ponto o relato importa a qualquer outra pessoa além de mim depende do grau em que os outros experimentaram o que denomino "alegria". Se o tema é de algum modo comum, talvez tenha alguma utilidade dar-lhe um tratamento mais detalhado do que (creio eu) já se tentou antes.

Ganhei ainda mais coragem para escrever a esse respeito depois de reparar que um homem raramente menciona o que supõe serem suas sensações mais pessoais sem ouvir de pelo menos um (não raro de mais) dos presentes a resposta: "O quê?! *Você* sentiu isso também? Sempre pensei que eu fosse o único".

Surpreendido pela alegria visa a contar a história de minha conversão, sem ser uma autobiografia comum, muito menos uma espécie de *Confissões*, como as de Agostinho ou as de Rousseau. Na prática, significa que, à medida que o texto avança, fica cada vez menos parecido com uma autobiografia comum. Nos primeiros capítulos, o leque de informações tem de se abrir bastante para que, por ocasião da chegada da crise explicitamente espiritual, o leitor possa entender em que tipo de pessoa minha infância e adolescência me moldaram.

Pronta a "preparação", restrinjo-me estritamente ao tema principal e omito (por mais importante que seja um fato segundo os parâmetros biográficos tradicionais) tudo o que pareça irrelevante nessa fase. Não creio que se perca muita coisa com isso; jamais li uma autobiografia em que os trechos dedicados aos primeiros anos não fossem os mais interessantes.

Creio que o relato seja sufocantemente subjetivo; o tipo de coisa que nunca escrevi antes e provavelmente jamais voltarei a escrever. Assim, tentei escrever o primeiro capítulo de forma tal que quem não tolera esse tipo de narrativa perceberá imediatamente aonde foi parar, fechando o livro com a menor perda de tempo possível.

C. S. L.

CAPÍTULO 1

Os primeiros anos

Feliz, mas, de tão feliz, vulnerável.
— Milton

Nasci no inverno de 1898, em Belfast, filho de um advogado e da filha de um pastor. Meus pais tiveram somente dois filhos, ambos meninos, e eu era cerca de três anos mais novo que meu irmão. Fomos fruto de duas linhagens bem diferentes. Meu pai pertencia à primeira geração de uma família que alcançou status profissional. Seu avô era um fazendeiro galês; seu pai — homem que se fez por si mesmo — começou a vida como operário, emigrou para a Irlanda e terminou como sócio na firma de Macilwaine e Lewis: "Fabricantes de Caldeiras, Engenheiros e Construtores de Embarcações de Ferro".

Minha mãe era uma Hamilton, tendo atrás de si muitas gerações de pastores, advogados, marinheiros e assemelhados; de seu lado materno, pelos Warren, o sangue remontava a um cavaleiro normando cujos ossos jazem em Battle Abbey.[1]

---

[1] Abadia normanda na cidade inglesa de Battle. [N. T.]

As duas famílias que me geraram tinham temperamentos tão diferentes quanto suas origens. A família de meu pai era genuinamente galesa: gente sentimental, passional e falante, facilmente inclinada tanto à fúria quanto à ternura; homens que riam e choravam muito, e não tinham lá muito talento para a felicidade. Os Hamilton eram uma raça mais fria. Tinham mentalidade crítica e irônica, e grande talento para a felicidade — iam direto até ela, como viajantes experientes acham logo o melhor assento num trem.

Desde meus primeiros anos, percebia o vívido contraste que havia entre a afeição alegre e tranquila de minha mãe, de um lado, e os altos e baixos da vida emocional de meu pai, de outro. E essa percepção fez nascer em mim, bem antes de eu ter idade suficiente para saber dar nome aos bois, certa aversão pelas emoções ou a desconfiança de serem inconvenientes, contrangedoras e até perigosas.

Meus pais, pelos parâmetros da época e do local, eram gente letrada, ou "inteligente". Minha mãe fora uma promissora matemática em sua juventude, bacharel do Queen's College, de Belfast, e, antes de morrer, ainda conseguiu me encaminhar tanto no francês quanto no latim. Era leitora voraz de bons romances, e acho que os Merediths e os Tolstóis que herdei foram comprados para ela.

Os gostos do meu pai eram bem diferentes. Adorava a oratória, e ele mesmo falara em palanques políticos na Inglaterra, ainda jovem; se tivesse independência financeira, certamente teria tentado carreira política. Nisso também teria alcançado êxito, não fosse seu senso de humor — que beirava o quixotesco — o tornar incontrolável, pois tinha muitos dos talentos então indispensáveis a um parlamentar: presença marcante, voz poderosa, rapidez de raciocínio, eloquência e boa memória. Gostava muito dos romances políticos de Trollope; ao acompanhar o trajeto da personagem Phineas Finn, estava, como hoje suponho, colocando-se imaginariamente no lugar dele e satisfazendo os próprios desejos.

Gostava de poesia, desde que ela tivesse elementos de retórica ou paixão, ou ambas; creio que *Otelo* era sua peça favorita de Shakespeare.

Era grande apreciador de praticamente todos os autores cômicos, de Dickens a W. W. Jacobs, e era ele mesmo o melhor contador de histórias — quase inigualável — que já ouvi; o melhor, frise-se, de sua classe, do tipo que dramatiza cada uma das personagens, usando livremente caretas, gestos e pantomima. Seus momentos mais felizes eram os que passava a sós com um ou dois de meus tios, contando anedotas um para o outro.

Mas nem ele, nem minha mãe tinham a menor queda pelo tipo de literatura a que passei a me dedicar desde o momento em que pude escolher eu mesmo minhas leituras. Nenhum deles jamais havia ouvido as trombetas da terra dos elfos. Em casa, não havia exemplar algum de Keats ou de Shelley, e o único exemplar de Coleridge jamais foi aberto (que eu saiba). Se sou um romântico, meus pais não tiveram responsabilidade alguma nisso. Meu pai de fato apreciava Tennyson, mas era o Tennyson de *In Memoriam* e de *Locksley Hall*. Jamais soube por ele de *The Lotus Eaters* ou de *Le Morte d'Arthur*. Minha mãe, como me disseram, não ligava absolutamente para poesia.

Além de bons pais, boa comida e um jardim (que então parecia grande) onde brincar, comecei a vida com outras duas bênçãos. Uma foi nossa babá, Lizzie Endicott, na qual mesmo a exigente memória da infância não consegue apontar falhas: nada que não seja bondade, alegria e bom senso.

Na época, não havia nenhuma contradição em "babás de fino trato". Foi graças a Lizzie que nos envolvemos com a vida do campo, no condado de Down. Assim pudemos transitar livremente por dois mundos sociais bem diferentes.

A isso devo minha duradoura imunidade contra a falsa identificação que algumas pessoas fazem entre refinamento e virtude. Já na mais tenra infância compreendi que certas piadas que contávamos a Lizzie não podiam jamais ser levadas à sala de estar, e também que Lizzie era simplesmente boa — quase tanto quanto possível a um ser humano.

A outra bênção foi meu irmão. Embora tivesse três anos a mais que eu, jamais me pareceu um irmão mais velho; fomos aliados, para não dizer cúmplices, desde o início. Ainda assim, éramos bem diferentes. Nossos primeiros desenhos (e não consigo lembrar uma época em que não desenhássemos incessantemente) já o revelavam. Ele desenhava navios, trens e batalhas; eu, quando não imitava os desenhos de meu irmão, desenhava aquilo que nós dois chamávamos "animais vestidos" — os bichos antropomórficos da literatura infantil.

Sua primeira história — como irmão mais velho, ele me precedeu na transição dos desenhos aos textos — chamava-se *O jovem Rajá*. Ele já tinha feito da Índia "seu país"; a terra dos bichos era minha. Acredito que nenhum dos desenhos que tenho da época seja dos primeiros seis anos de minha vida, que agora estou relatando, mas os vários que ainda guardo não podem ser muito mais recentes. Analisando-os, parece-me que meu talento era maior. Ainda bem novo, eu conseguia retratar o movimento — figuras que pareciam realmente correr ou lutar —, e a perspectiva era boa. Mas, em nenhum dos desenhos, nem nos de meu irmão nem nos meus, vê-se uma única linha traçada para seguir uma ideia, por mais tosca que fosse, de beleza. Há ação, comédia, invenção; mas não se vê a menor aptidão para o desenho artístico, e nota-se uma chocante ignorância das formas naturais. As árvores aparecem como bolas de algodão espetadas em postes, e nada indica que um de nós dois soubesse a forma de qualquer folha do jardim em que brincávamos praticamente todo dia.

Agora que me ponho a pensar no assunto, essa ausência de beleza é característica de nossa infância. Nenhum quadro nas paredes da casa de meu pai jamais nos atraíra a atenção — e na verdade nenhum deles a merecia. Jamais vimos um edifício belo nem imaginávamos que um prédio pudesse ser bonito. Minhas experiências estéticas mais remotas, se de fato estéticas, não foram dessa natureza; já eram incuravelmente românticas, e nada formais.

Certa vez, naqueles dias mais remotos, meu irmão levou para nosso quarto a tampa de uma lata de biscoitos que ele havia coberto de musgo e decorado com galhinhos e flores, para fazer dela um jardim ou uma floresta de brinquedo. Foi o primeiro contato que tive com a beleza. O que o jardim de verdade não conseguira fazer, fizera o jardim de brinquedo: tomei consciência da natureza — de fato não como um celeiro de formas e cores, mas como algo frio, úmido, fresco, exuberante. Não creio que a impressão tenha sido muito importante no momento, mas logo assumiu importância na lembrança. Enquanto eu viver, a imagem que faço do Paraíso terá algo do jardim de brinquedo de meu irmão.

E todo dia havia a presença do que chamávamos "Verdes Montes", ou seja, o contorno baixo dos montes Castlereagh, que divisávamos das janelas do quarto. Não ficavam muito longe, mas eram, para nós crianças, praticamente inalcançáveis. Ensinaram-me o desejo ardente — *Sehnsucht*, ou a ânsia; mesmo antes de alcançar os seis anos de idade, fizeram de mim, para bem ou para mal, um devoto da Poesia.

Se as experiências estéticas eram raras, as religiosas simplesmente não existiam. Algumas pessoas que leem meus livros têm a impressão de que fui criado num puritanismo rígido e vívido, mas isso nada tem de verdade. Ensinaram-me as coisas habituais, até mesmo a orar, e na época certa fui levado à igreja. Eu aceitava naturalmente o que me era ensinado, mas, que me lembre, não me interessava muito por nada disso.

Meu pai, longe de ser um puritano arraigado, era, pelos padrões do século 19 e da Igreja da Irlanda, um tanto "elevado", e sua concepção da religião, como da literatura, era diametralmente oposta à que mais tarde veio a ser a minha. O encanto da tradição e a beleza verbal da Bíblia e do Livro de Orações (ambos gostos tardios e adquiridos pela experiência) constituíam o deleite natural de meu pai, e seria difícil encontrar um homem igualmente inteligente que se preocupasse tão pouco com a metafísica.

Quanto à religião de minha mãe, quase nada posso dizer com base em minhas recordações. Minha infância, seja como for, não teve nem de longe traços sobrenaturais. À exceção do jardim de brinquedo e dos Montes Verdes, ela não foi nem sequer inventiva; vive na minha lembrança principalmente como um tempo de felicidade monótona e prosaica, e não desperta nada da pungente nostalgia com que recordo minha muito menos feliz juventude. Não é a felicidade tranquila, mas, sim, a alegria momentânea que glorifica o passado.

Nessa felicidade genérica, havia uma única exceção. Não me lembro de nada mais remoto que o terror de determinados sonhos. É um problema muito comum nessa idade, embora ainda me pareça estranho que uma infância mimada e protegida pudesse com tanta frequência ter em si uma janela aberta àquilo que é pouco menos que o Inferno. Meus sonhos maus eram de dois tipos: sobre fantasmas e sobre insetos. O segundo tipo era, de longe, o pior; até hoje prefiro encontrar um fantasma a uma tarântula. E até hoje mal posso encontrar forças para racionalizar e justificar minha fobia.

Como Owen Barfield certa vez me disse: "O problema dos insetos é que são como locomotivas francesas — todos os mecanismos estão expostos". Os *mecanismos* — esse é o problema. Seus membros angulosos, os movimentos convulsivos, os ruídos secos e metálicos — tudo sugere ou máquinas que ganharam vida, ou vida degenerando em mecanismos. É possível acrescentar que na colmeia e no formigueiro vemos plenamente realizadas duas coisas que alguns de nós mais temem que aconteçam a nossa espécie: a dominância das fêmeas e a predominância do coletivo.

Um fato sobre a história dessa fobia talvez seja digno de relato. Bem mais tarde, já na adolescência, depois de ler *Ants, bees and wasps* [Formigas, abelhas e marimbondos], de Lubbock, adquiri por pouco tempo um interesse verdadeiramente científico por insetos. Outros estudos logo roubaram o espaço desse interesse; mas, enquanto durou essa minha fase entomológica, o medo quase sumiu, e sou inclinado a pensar que uma verdadeira curiosidade objetiva geralmente provoca esse efeito purificador.

Temo que os psicólogos não se contentariam em explicar meu medo de insetos por aquilo que uma geração mais simples diagnosticaria como causa — determinada ilustração repugnante em um de meus livros infantis. Nela se via uma criança minúscula — uma espécie de Pequeno Polegar — de pé sobre um cogumelo, ameaçada por um escaravelho bem maior do que ela. Isso já era ruim; mas o pior está por vir. Os tentáculos do escaravelho eram tiras de cartolina destacadas da folha e se moviam articuladas num pivô. Movendo uma engenhoca diabólica no verso, era possível abrir e cerrar esses tentáculos, como tenazes; ainda ouço o ruído de cortar, qual tesoura, e até as enxergo enquanto escrevo. Não consigo entender que uma mulher em geral tão inteligente como minha mãe pôde deixar uma abominação dessas entrar no quarto de uma criança. A menos que, de fato (por ora uma dúvida me assalta), a própria ilustração seja também produto de pesadelo. Mas acho que não.

Em 1905, meu sétimo ano de vida, veio minha primeira grande mudança. Mudamos de casa. Meu pai, tendo prosperado, suponho, decidiu deixar a casa geminada em que eu nascera e construiu para si uma bem maior, mais afastada de tudo, no que então era a região rural. A "Casa Nova", como continuamos a chamá-la durante anos, era bem grande, mesmo para meus parâmetros atuais; aos olhos de uma criança, parecia menos uma casa e mais uma cidade inteira. Meu pai, que tinha mais capacidade de ser passado para trás que qualquer outro homem que conheci, foi vergonhosamente enganado pelos pedreiros; os ralos estavam mal colocados, as chaminés estavam mal colocadas, e em cada quarto sentia-se uma corrente de ar. Nada disso, porém, importava para uma criança. Para mim, o importante da mudança foi que o pano de fundo de minha vida se alargou.

A Casa Nova é praticamente uma personagem de relevo na minha história. Sou um produto de longos corredores, cômodos vazios e banhados de sol, silêncios no piso superior, sótãos explorados em solidão, ruídos distantes de caixas d'água e tubos murmurantes, e o barulho do vento sob as telhas — além disso, de livros infindáveis. Meu pai comprava todos os livros que lia e jamais se livrou de nenhum deles. Havia livros no escritório, livros na sala de estar, livros no guarda-roupa, livros (duas fileiras) na grande estante ao pé da escada, livros num dos quartos, livros empilhados até a altura de meu ombro no sótão da caixa d'água, livros de todos os tipos, que refletiam cada efêmero estágio dos interesses de meus pais — legíveis ou não, uns apropriados para crianças e outros absolutamente não.

Nada me era proibido. Nas tardes aparentemente intermináveis de chuva, eu tirava das estantes volume após volume. Encontrar um livro novo era para mim tão certo quanto é, para um homem que caminha num campo, encontrar uma nova folha na relva. Onde estavam todos esses livros antes de nos mudarmos para a Casa Nova é um problema que jamais me ocorreu até eu ter começado a escrever este parágrafo. E não tenho a menor ideia da resposta.

Fora de casa, tinha-se "a vista" que, sem dúvida, fora o principal motivo para a escolha do local. Da porta da frente, descortinávamos lá embaixo os amplos campos que levavam ao canal de Belfast e, para além deles, a longa silhueta montanhosa da costa de Antrim — Divis, Colin, colina Cave. Isso nos dias distantes em que a Grã-Bretanha era a locomotiva do mundo e o canal vivia cheio de embarcações; uma maravilha para mim e meu irmão, mas principalmente para ele. O som do apito do vapor à noite ainda evoca toda a minha meninice. Atrás da casa, mais verdes, mais baixas e próximas do que os montes Antrim, viam-se as colinas Holywood, mas não foi senão muito depois que elas atraíram minha atenção. O ângulo noroeste era o que importava no início: os intermináveis pores do sol por trás das escarpas azuladas e as gralhas voando para os ninhos. Foi nessa paisagem que começaram a desabar os golpes da mudança.

Antes de tudo, meu irmão foi enviado para um internato na Inglaterra e, assim, eliminado de minha vida durante grande parte de cada ano. Lembro-me bem do prazer que sentia quando ele vinha para casa nos feriados, mas não tenho lembrança de angústia alguma correspondente nos momentos de despedida. Sua vida nova não fez diferença no relacionamento que havia entre nós. Já eu era educado em casa; minha mãe me ensinava francês e latim, e o resto era transmitido por uma excelente professora particular, Annie Harper. Na época, essa senhora mirrada e humilde era para mim quase uma versão feminina do bicho-papão, mas tudo o que consigo ainda lembrar me dá a certeza de que eu era injusto. Ela era presbiteriana, e um longo discurso que certa vez intercalou entre somas e cópias é a primeira coisa que, segundo me lembro, trouxe o além à minha mente com algum senso de realidade.

Mas havia muitas coisas que ocupavam mais frequentemente meu pensamento. Minha vida real — ou aquilo que minhas lembranças retratam como minha vida real — era cada vez mais solitária. Na verdade, eu tinha muita gente com quem conversar: meus pais, meu avô Lewis, prematuramente envelhecido e surdo, que vivia conosco, as empregadas e um velho jardineiro dado a beber um pouco demais. Acho que eu era um tagarela intolerável. Mas a solidão estava quase sempre à minha disposição, nalgum canto do jardim ou da casa. Eu então já sabia ler e escrever; e tinha dezenas de coisas para fazer.

O que me levou a escrever foi a extrema falta de destreza manual da qual sempre sofri. Atribuo essa fraqueza a um defeito físico que eu e meu irmão herdamos de nosso pai; temos somente uma articulação no polegar. A articulação superior (a mais afastada da unha) é visível, mas não passa de

Os primeiros anos

embuste; não podemos dobrar o dedo neste ponto. Seja qual for a causa, a natureza me impôs desde o nascimento uma total incapacidade de construir qualquer coisa. Com lápis e caneta eu tinha alguma habilidade, e ainda posso fazer o melhor nó de gravata que se possa ver no colarinho de qualquer homem, mas, com uma ferramenta, um taco ou uma arma, uma abotoadura ou um saca-rolhas, sempre fui um fracasso completo. Foi isso que me forçou a escrever. Eu desejava muito construir coisas: navios, casas, motores. Estraguei muitas folhas de cartolina e muitas tesouras, só para transformar em lágrimas meus fracassos inevitáveis. Como último recurso, como *pis aller*,[2] fui forçado então a escrever histórias; e nem imaginava o mundo de felicidade em que estava entrando. Pode se fazer mais com um castelo numa narrativa do que com o melhor castelo de cartolina que jamais se viu sobre a mesinha de uma criança.

Logo reivindiquei soberania sobre um dos sótãos de casa e fiz dele "meu escritório". Pregava na parede figuras que eu mesmo fazia, ou recortava das reluzentemente coloridas edições natalinas de revistas. Ali guardava minha caneta e o pote de tinta, os cadernos e o estojo de tintas; e ali

Que ventura maior pode ter uma criatura
Que gozar o deleite com liberdade?

Ali escrevi — e ilustrei — minhas primeiras histórias, com enorme satisfação. Havia uma tentativa de combinar meus dois principais prazeres literários: "animais vestidos" e "cavaleiros em armaduras". Por consequência, escrevi sobre ratos

---
[2]Fr., "último recurso". [N. E.]

cavalheirescos e coelhos que cavalgavam em cota de malha para matar não gigantes, mas gatos. Mas cedo o espírito do sistematizador se fez presente em mim; o espírito que levou Trollope a elaborar tão infindavelmente seu Barsetshire.

A Terra dos Bichos que entrava em ação nos feriados em que meu irmão estava em casa era uma Terra dos Bichos moderna; precisava ter trens e navios a vapor para ser um país que eu pudesse partilhar com ele. Por consequência lógica, a Terra dos Bichos medieval na qual eu desenvolvia minhas histórias tinha de ser o mesmo país em um período anterior; e, é claro, os dois períodos deveriam estar devidamente ligados.

Isso me levou do romance à historiografia; passei a escrever uma história completa da Terra dos Bichos. Embora ainda exista mais de uma versão dessa instrutiva obra, jamais consegui desenvolvê-la até os tempos modernos; os séculos exigem um pouco de recheio quando todos os acontecimentos precisam sair da cabeça do historiador. Mas um elemento da *História* eu ainda recordo com algum orgulho. As aventuras cavalheirescas que enchiam minhas histórias eram mencionadas só de passagem, e o leitor era avisado de que podiam não passar de "lendas".

De algum modo — mas Deus sabe como —, eu já percebia até que o historiador deve adotar uma postura crítica em relação ao material épico. Da história à geografia foi um pulo. Logo havia um mapa da Terra dos Bichos — vários mapas, aliás, e todos razoavelmente coerentes. E, como a Terra dos Bichos precisava ser geograficamente ligada à Índia de meu irmão, esse país teve de ser retirado de seu lugar no mundo real. Fizemos dele uma ilha, com a costa norte correndo ao longo da encosta setentrional do Himalaia; entre ela e a Terra dos Bichos, meu irmão rapidamente inventou as principais rotas dos vapores. Logo havia todo um mundo ali, e um mapa desse mundo, que exigia todas as cores de meu estojo. E as partes do mundo que considerávamos nossas — a Terra dos Bichos e a Índia — eram cada vez mais habitadas de personagens condizentes.

Dos livros que li nessa época, bem poucos me foram varridos da lembrança, mas nem todos enraizaram meu amor. Nunca me senti inclinado a reler *Sir Nigel*, de Conan Doyle, o primeiro a atrair minha atenção a "cavaleiros em armaduras". Menos inclinado ainda me sinto hoje a reler *Um ianque na corte do rei Artur*, de Mark Twain, que era então minha única fonte da história arturiana, e que li de modo distraído e jovial em razão dos evidentes elementos românticos, e totalmente cego à zombaria vulgar dirigida contra eles. Muito melhor que esses dois é a trilogia de Edith Nesbit: *Cinco crianças e um segredo, A fênix e o tapete mágico* e *O amuleto*.

O último muito fez por mim. Primeiro, abriu meus olhos à antiguidade, o "escuro passado e o abismo do tempo". Ainda posso relê-lo hoje com prazer. *Gulliver*, numa edição integral e bem ilustrada, era um de meus prediletos, e eu me debruçava interminavelmente sobre uma coleção quase completa de antigas edições da revista *Punch*, que ficava no escritório de meu pai. Tenniel satisfazia minha paixão por "animais vestidos" com o Urso Russo, o Leão Britânico, o Crocodilo Egípcio e todo o resto, enquanto o tratamento relaxado e superficial que ele dava à vegetação confirmava minhas deficiências. Depois vieram os livros de Beatrix Potter, e aqui, afinal, a beleza.

Ficará claro que nessa época — entre seis e oito anos de idade — eu vivia quase inteiramente em minha imaginação, ou pelo menos a experiência imaginativa daqueles anos parece-me hoje mais importante que qualquer outra coisa. Assim omito um feriado na Normandia (do qual, todavia, retenho lembranças bem nítidas) como coisa sem importância; se pudesse ser eliminado de meu passado, ainda seria quase exatamente o mesmo homem que sou.

Mas imaginação é uma palavra vaga, e devo fazer algumas distinções. Pode significar o mundo do devaneio, da quimera, da fantasia que satisfaz os desejos. Disso eu sabia mais que o suficiente. Sempre me imaginava lapidando uma boa personagem. Mas devo insistir que essa atividade era totalmente diferente da invenção da Terra dos Bichos. Esta (nesse sentido) nada tinha de fantasia. Eu não era uma das personagens dela. Era o criador, e não um candidato a habitante. A invenção é essencialmente diferente do devaneio; se alguns não conseguem reconhecer a diferença, é porque eles mesmos não experimentaram ambas. Qualquer um que já o tenha experimentado me compreenderá.

Em minhas quimeras, eu como que treinava para ser bobo; mas, ao mapear e redigir os relatos sobre a Terra dos Bichos, eu treinava para ser romancista. Note bem: romancista, e não poeta. Meu mundo inventado estava repleto (para mim) de interesses, agitação, humor e personagens; mas não havia poesia, nem romance, nele. Era quase espantosamente prosaico.[3] Assim, se usarmos a palavra imaginação num terceiro e mais elevado sentido, esse mundo inventado não era imaginativo. Mas outras experiências o eram, e agora tentarei registrá-las. A coisa já foi feita com competência muito

---

[3] Para os leitores de meus livros infantis, a melhor maneira de explicar isso seria dizer que a Terra dos Bichos não tinha absolutamente nada em comum com Nárnia, exceto os animais antropomórficos. A Terra dos Bichos, por todas as suas características, excluía o menor traço de prodígio.

maior por Traherne e por Wordsworth, mas todo homem precisa contar sua história.

A primeira dessas experiências é, ela mesma, a lembrança de uma lembrança. Estando eu de pé ao lado de uma groselheira florida, num dia de verão, de repente surgiu em mim, sem avisar e como que de um abismo não de anos, mas de séculos, a lembrança daquela manhãzinha na Casa Velha, quando meu irmão trouxera o jardim de brinquedo para o quarto. É difícil encontrar palavras fortes o bastante para descrever a sensação que me invadiu; a miltoniana "enorme bem-aventurança" do Éden (aproveitando o significado pleno e antigo de "enorme") aproxima-se um pouco. Foi, claro, uma sensação de desejo; mas desejo de quê? Não, certamente, de uma tampa de lata de biscoitos recoberta de musgo, nem mesmo (embora isso tenha vindo também) do meu passado. 'Ιουλιαν ποθω[4] — e, antes de saber o que desejava, o próprio desejo se desfizera, todo o vislumbre se dissipara, o mundo voltara à normalidade, ou era agora agitado apenas pelo anseio do anseio que acabara de sumir. Durara só um momento; e, em certo sentido, tudo o mais que me acontecera até então era insignificante diante disso.

O segundo lampejo me veio por *A história do esquilo Nutkin*; só por ele, embora eu adorasse todos os livros de Beatrix Potter. Mas os outros eram mera diversão, ao passo que esse ministrava o choque, era uma perturbação. Perturbava-me com o que só posso descrever como a Ideia do Outono. Soa fantástico dizer que alguém tenha se enamorado de uma estação, mas isso muito se assemelha ao que aconteceu; e, como antes, a experiência foi de desejo intenso.

---

[4] Gr., "Ah, como desejo!".

Surpreendido pela alegria

E então voltei ao livro, não para satisfazer o desejo (pois isso era impossível — como se pode *possuir* o outono?), mas para redespertá-lo. E com essa experiência veio também a mesma surpresa e o mesmo senso de incalculável importância. Era algo bem diferente da vida comum, e mesmo do prazer comum; algo, como hoje diriam, "de outra dimensão".

O terceiro lampejo me veio pela poesia. Na época eu gostava muito da *Saga of King Olaf* [Saga do rei Olaf], de Longfellow: gostava de uma maneira vaga e superficial, em virtude da história e dos ritmos vigorosos. Mas então — e bem diferente de tais prazeres, e como uma voz de regiões muito mais distantes — passei a virar distraidamente as páginas do livro, acabei descobrindo uma tradução não rimada de *Tegner's Drapa* [A drapa de Tegner][5] e li:

> Ouvi uma voz que gritava:
> "Balder, o belo,
> Está morto, está morto..."

Eu nada sabia sobre Balder,[6] mas instantaneamente fui elevado a regiões vastíssimas do céu setentrional, e desejava com intensidade quase doentia algo que jamais poderá ser descrito (a não ser pelo fato de que é frio, amplo, austero, pálido e distante); e então, como nos outros exemplos, surpreendi-me exatamente no mesmo momento, já perdendo o desejo e ansiando que ele voltasse.

---

[5] Esaias Tegner (1782-1846) foi um influente poeta sueco. Drapa é uma velha forma poética do antigo nórdico para retratar a morte, sendo também usada em cânticos de louvor. [N. E.]
[6] O mais belo dos filhos de Odin, a divindade suprema dos nórdicos. [N. T.]

Os primeiros anos

O leitor que não vir interesse nesses três episódios não precisa continuar a leitura, pois de certa forma a história central de minha vida não é sobre outra coisa. Para os que ainda estão dispostos a prosseguir, só vou sublinhar a característica comum das três experiências; é a de um desejo não satisfeito. Porém, é mais desejável que qualquer outra satisfação. Chamo-o Alegria, que aqui é termo técnico e precisa ser claramente distinguido tanto de Felicidade quanto de Prazer.

A alegria (no sentido que dou à palavra) tem de fato uma característica, e só uma, em comum com os outros dois termos: o fato de que qualquer pessoa que já a vivenciou vai querer novamente senti-la. Afora isso, e analisada apenas por essa característica, pode quase igualmente ser considerada uma espécie particular de infelicidade ou pesar. Só que é do tipo que queremos. Duvido que qualquer um que a tenha experimentado vá trocá-la por todos os prazeres do mundo se as duas opções estiverem a seu alcance. Mas a Alegria nunca está a nosso alcance, ao contrário, frequentemente, do prazer.

Não tenho certeza absoluta se as coisas que acabo de contar aconteceram antes ou depois da grande perda que sacudiu nossa família e devo agora abordar. Certa noite, eu estava enfermo, chorando, ao mesmo tempo com dor de cabeça e dor de dente, e angustiado porque minha mãe não vinha me ver. Isso porque também ela não estava bem; e o esquisito é que havia vários médicos no quarto dela, e vozes, e muito vaivém pela casa, e portas se fechando e abrindo. A agitação pareceu durar horas. Depois meu pai, às lágrimas, entrou em meu quarto e começou a tentar transmitir à minha mente aterrorizada coisas que jamais concebera. Era câncer de fato, e logo veio o que era de esperar: uma operação (na época os médicos faziam a cirurgia na casa do paciente), uma convalescença aparente, a volta da doença, o aumento da dor e a morte. Meu pai jamais se recuperou plenamente dessa perda.

29

As crianças não sofrem menos (acho eu) que os mais velhos, mas sofrem de modo diferente. Para nós, meninos então, a verdadeira perda acontecera antes da morte de nossa mãe. Nós a perdemos de forma gradual, à medida que ela lentamente se retirava de nossa vida, nas mãos de enfermeiras, delírios e morfina, e à medida que toda a nossa existência se mudava em algo estranho e ameaçador, enquanto a casa era tomada de cheiros esquisitos, ruídos no meio da noite e sinistras conversas sussurradas.

Isso trouxe dois outros resultados, um muito ruim e outro muito bom. Separou-nos não só de nossa mãe, mas também de nosso pai. Dizem que a angústia partilhada aproxima as pessoas, mas não consigo acreditar que esse efeito seja frequente quando os que a partilham são de idades muito diferentes. Se posso confiar em minha experiência, a visão da tristeza e do terror adulto tem sobre as crianças um efeito meramente paralisante e alienante. Talvez tenha sido nossa a culpa. Talvez, se fôssemos crianças melhores, pudéssemos ter aliviado os sofrimentos de nosso pai na época. Certamente não o fizemos. Ele sempre fora uma pessoa nervosa, e suas emoções nunca foram das mais contidas. Sob a pressão da ansiedade, sua fúria tornou-se constante; ele falava com destempero e agia injustamente. Assim, por uma crueldade peculiar do destino, durante aqueles meses esse homem infeliz, sem sequer o saber, perdia não só a esposa, mas também os filhos.

Passávamos, eu e meu irmão, a depender cada vez mais exclusivamente um do outro para obter tudo aquilo que tornava a vida suportável; a ter confiança só um no outro. Acho que nós dois (ou pelo menos eu) já estávamos aprendendo a mentir para ele. Tudo aquilo que fazia daquela casa um lar agora nos faltava; tudo, exceto nós mesmos, um para o outro.

A cada dia ficávamos mais próximos (e esse foi o resultado positivo) — dois moleques assustados e apertados um contra o outro em busca de calor num mundo frio.

A perda de um ente querido na infância é complicada por muitos outros pesares. Fui levado ao quarto onde minha mãe jazia morta, para "vê-la", como me disseram; mas, na realidade, como imediatamente percebi, era para "ver aquilo". Nada havia que um adulto pudesse chamar de desfiguração — salvo aquela total desfiguração que é a própria morte. O pesar foi superado pelo terror. Até hoje não sei o que querem dizer quando chamam belos os cadáveres. O homem vivo mais feio é um anjo de beleza comparado ao mais adorável dos mortos.

Diante de toda a subsequente parafernália de caixão, flores, carro funerário e cortejo fúnebre, reagi com terror. Cheguei a repreender uma de minhas tias por conta do absurdo das roupas de luto, num estilo que pareceria cruel e precoce à maioria dos adultos. Mas era nossa querida tia Annie, a esposa canadense de meu tio materno, uma mulher quase tão sensível e radiante quanto minha mãe. Ao ódio que eu tinha pelo que então já sentia ser toda a agitação e trivialidade do enterro, talvez eu possa remontar algo em mim que hoje reconheço como defeito, mas que jamais consegui superar totalmente: a aversão a tudo o que é público, tudo o que pertence ao coletivo; uma inaptidão grosseira para a formalidade.

A morte de minha mãe proporcionou-me aquilo que alguns (menos eu) talvez considerem minha primeira experiência religiosa. Quando seu quadro clínico foi dado como irreversível, lembro-me bem do que me ensinaram: que as orações feitas com fé seriam atendidas. Assim, decidi-me a produzir, pela força da vontade, uma crença firme de que minhas orações pela recuperação de mamãe alcançariam êxito; e, como julguei então, consegui produzir essa crença. Quando ela, porém, morreu, mudei de tática e esforcei-me por acalentar a crença de que deveria acontecer um milagre. O interessante é que minha decepção não produziu consequências mais sérias. A coisa não tinha funcionado, mas eu já me acostumara a coisas que não funcionavam, e não voltei a pensar no assunto.

Acho que a verdade é que a crença à qual eu mesmo me havia induzido era tão irreligiosa, que o fracasso dela era incapaz de provocar qualquer revolução religiosa. Eu havia abordado Deus, ou minha ideia de Deus, sem amor, sem espanto, até sem temor. Ele deveria, na imagem mental que eu fazia desse milagre, aparecer não como Salvador ou Juiz, mas meramente como mágico; e, quando já tivesse feito o que dele se exigia, eu supunha que simplesmente... ora... iria embora.

Jamais me ocorreu que o tremendo contato que eu pedira traria quaisquer consequências além de restaurar a normalidade em minha casa. Imagino que uma "fé" desse tipo é muitas vezes acalentada pelas crianças e a decepção resultante não tem importância religiosa; assim como as coisas em que se crê, se pudessem acontecer e ser só como a criança as imagina, também não teriam nenhuma importância religiosa.

Com a morte de minha mãe, toda a felicidade serena, tudo o que era tranquilo e confiável desapareceu de minha vida. Estavam por vir muita diversão, muitos prazeres, muitas punhaladas da Alegria; mas nada da velha segurança. Agora tudo eram mar e ilhas; o grande continente afundara como Atlântida.

CAPÍTULO 2

Campo de concentração

Aritmética com bastões coloridos.
— *Times Educational Supplement*,
19 de novembro de 1954

Pocotó, pocotó, pocotó... Estamos numa carruagem sacolejante sobre os paralelepípedos irregulares das ruas de Belfast, sob o úmido entardecer de setembro de 1908, eu, meu pai e meu irmão. Vou à escola pela primeira vez. Estamos abatidos. Meu irmão, que mais tem razão para tal, pois só ele sabe aonde vamos, é o que menos expõe os sentimentos. Já é um veterano. Eu talvez esteja ainda encorajado por uma leve empolgação, mas bem leve. O fato mais importante no momento são as roupas horríveis que fui obrigado a vestir.

Essa manhã mesmo — e até duas horas atrás —, eu corria livre de calças curtas, casaco esporte e sapato macio. Agora estou sufocado, suando, sentindo comichões, envolto numa roupa escura, estrangulado por um colarinho engomado, os pés já doendo dentro das botas novas. Uso também calções abotoados na altura do joelho. Toda noite, durante umas quarenta semanas de cada ano, e por muitos anos, deverei ver na pele, ao me despir, as marcas vermelhas e doloridas desses botões. E o pior de tudo é o chapéu-coco, aparentemente feito de ferro, que aperta minha cabeça. Já li algo sobre meninos que, na mesma triste condição, consideram essas coisas sinais de maturidade; eu não tive essa sensação. Nada na minha experiência jamais me sugerira que é melhor ser menino de idade escolar que criança, ou melhor ser homem que menino.

Nos feriados, meu irmão nunca falava muito sobre a escola. Meu pai, em quem eu acreditava cegamente, representava a vida adulta como uma incessante labuta sob a contínua ameaça da ruína financeira. Nisso ele não pretendia nos enganar. Era tal seu temperamento que, quando exclamava: "Logo nada nos restará a não ser o albergue da paróquia", como o fazia com frequência, momentaneamente acreditava, ou pelo menos sentia, o que acabara de dizer. Eu aceitava tudo aquilo ao pé da letra e abrigava as previsões mais lúgubres para a vida adulta. Entretanto, vestir as roupas da escola era, eu bem o sabia, como vestir um uniforme de prisioneiro.

Chegamos ao cais e embarcamos no velho "Fleetwood"; depois de vaguear tristonho pelo convés, meu pai se despede de nós. Está profundamente comovido; eu — ai de mim! — estou mais é embaraçado e constrangido. Quando ele desembarca, nós dois quase chegamos a nos animar, num flagrante contraste. Meu irmão começa a me mostrar o navio e discorre sobre as outras embarcações à vista. Já é um viajante experiente e um adolescente realmente vivido. Uma empolgação agradável e indefinível toma conta de mim. Agrada-me o reflexo das luzes de bombordo e estibordo na água oleosa, o ranger das amarras, o cheiro morno que subia da claraboia da casa de máquinas. Soltam-se as amarras. O espaço negro se alarga entre nós e o cais; sinto a rotação das hélices sob mim. Logo estamos descendo o canal e é possível sentir o gosto de sal nos lábios; aquele aglomerado de luzes ao fundo, afastando-se de nós, é tudo o que eu conhecia até então.

Mais tarde, quando já estamos recolhidos aos beliches, começa a ventar forte. A noite é tempestuosa, e meu irmão fica enjoado. Por mais absurdo que pareça, sinto inveja dele. Ele se comporta como devem fazer os viajantes experientes. Depois de grande esforço, consigo também vomitar; mas é um desempenho medíocre — eu era, como ainda sou, um navegante teimosamente bom.

Nenhum inglês poderá entender a primeira impressão que tive da Inglaterra. Quando desembarcamos, acho que lá pelas 6 horas da manhã seguinte (embora parecesse meia-noite), encontrei-me num mundo ao qual reagi com ódio instintivo. As planícies de Lancashire, de manhã cedo, são na realidade uma visão desanimadora; para mim eram como as margens do Estige. Os estranhos sotaques ingleses pelos quais me via cercado pareciam vozes de demônios. Mas o pior era a paisagem inglesa de Fleetwood a Euston. Mesmo a meus olhos adultos, aquela estrada de ferro ainda parece correr pela região mais sombria e inóspita da ilha. Mas, para uma criança que sempre vivera perto do mar e divisando altas escarpas, a paisagem era como — suponho — a Rússia aos olhos de um menino inglês.

A planície! O sem-fim! Os quilômetros e quilômetros de terras desinteressantes, isolando a gente do mar, aprisionando, sufocando! Tudo estava errado: cercas de madeira em vez de muros de pedra e cercas-vivas; casas de fazenda de tijolo vermelho em vez de bangalôs brancos; os campos amplos demais, os montes de feno de formato errado. Bem diz o *Kalevala*[1] que, na casa do estranho, o piso é cheio de nós. Depois superei a rixa; mas naquele momento concebi um ódio da Inglaterra que demorei anos para curar.

Nosso destino era a pequena cidade de... vamos chamá-la Belsen,[2] em Hertfordshire. "Verde Hertfordshire", segundo Lamb; mas não era nada verde para um menino criado no condado de Down. Era o plano Hertfordshire, o duro Hertfordshire, o Hertfordshire do solo amarelo. Entre o clima da Irlanda e o da Inglaterra, existe a mesma diferença que existe entre o clima da Inglaterra e o do Continente. A variedade climática de Belsen era algo que até então eu desconhecia. Foi lá que pela primeira vez senti a penetrante geada e a pungente neblina, o calor abrasador e os temporais em grande escala. Foi lá também, pelas janelas sem cortina do dormitório, que tive o primeiro contato com a beleza pálida da lua cheia.

A escola, logo que a conheci, consistia nuns oito ou nove internos e alguns alunos externos. Jogos organizados, exceto as intermináveis rodadas de *rounders*[3] no pátio de pedra, estavam há muito em extinção e foram de todo abandonados, por fim, não muito depois de minha chegada. Banho, só uma vez por semana. Eu já vinha fazendo exercícios de latim (nas aulas de minha mãe) quando ali cheguei em 1908 e ainda os fazia quando fui embora, em 1910; mas jamais cheguei perto de um autor romano. O único fator estimulante no sistema de ensino eram algumas varas já gastas,

---

[1] Poema épico finlandês. [N.T.]
[2] Belsen é o nome de um famigerado campo de concentração nazista. [N.T.]
[3] Jogo parecido com o beisebol. [N.T.]

penduradas na verde cornija de ferro da lareira dentro da única sala de aula.

O quadro de professores era composto pelo diretor e proprietário (nós o chamávamos Velho), pelo filho adulto deste (Wee Wee) e por um professor assistente. Os assistentes se sucediam com grande rapidez; um deles durou menos de uma semana. Outro foi demitido na presença dos meninos, com o adendo do Velho de que, se não fizesse parte do Clero, ele o teria chutado escada abaixo. Essa curiosa cena aconteceu dentro do dormitório, embora eu não consiga me lembrar por quê.

Todos esses assistentes (a não ser o que ficou menos de uma semana) exibiam diante do Velho o mesmo terror que tomava conta de nós, meninos. Mas veio um tempo em que não mais havia assistentes, e a filha caçula do Velho passou a ensinar os alunos mais novos. Naquela época, só havia cinco internos, e o Velho finalmente decidiu fechar a escola e recorrer a uma pequena residência pastoral. Eu era um dos últimos sobreviventes e só deixei a nau quando ela submergiu sob nossos pés.

O Velho vivia numa solidão de poder, como um capitão nos tempos da navegação a vela. Nem homem nem mulher naquela casa falava com ele como igual. Na verdade, ninguém, exceto Wee Wee, iniciava conversa com ele. Na hora das refeições, nós, os meninos, tínhamos um vislumbre da sua vida familiar. O filho sentava-se a sua direita, e os dois tinham comida diferenciada. Sua mulher e as três filhas adultas (caladas), o assistente (calado) e os meninos (calados) mastigavam devagar a ração inferior. Sua mulher, embora me pareça que ela jamais dirigisse sequer uma palavra ao Velho, tinha permissão para lhe dar algum tipo de resposta; as meninas — três figuras trágicas que vestiam sempre o mesmo preto surrado, fosse inverno ou verão — jamais foram além de um quase sussurrado "Sim, papai" ou "Não, papai", nas raras ocasiões em que lhes era dirigida a palavra.

Poucas visitas chegavam à casa. A cerveja, que o Velho e Wee Wee bebiam regularmente no jantar, era também oferecida ao assistente, mas esperava-se que ele a recusasse. Quem aceitasse recebia seu copo, mas logo aprendia qual era seu lugar ao ouvir, momentos mais tarde, numa voz forte e de carregada ironia, a pergunta: "Quem sabe o senhor não quer um pouco mais de cerveja, sr. N.?". O sr. N, homem de coragem, respondeu bem à vontade: "Ora, obrigado, sr. C.; acho que vou aceitar, sim". Foi ele que não ficou até o final da primeira semana; e o resto daquele dia foi trágico para nós, meninos.

Eu mesmo era uma espécie de mascote do Velho — um posto que juro jamais ter buscado e cujas vantagens eram puramente negativas. Mesmo meu irmão não era uma de suas vítimas favoritas. Pois tinha, sim, suas vítimas favoritas, meninos que não conseguiam fazer nada certo. Eu o vi entrar na sala de aula depois do café da manhã, girar o olhar em torno e observar: "Ah! aí está você, Rees, seu fedelho repugnante. Se eu não estiver cansado demais, vou lhe dar uma bela surra hoje à tarde". Ele não estava irritado, tampouco brincava. Era um homem grande, barbado, com lábios grossos, como um rei assírio sobre um monumento, imensamente forte, fisicamente imundo. Todos falam de sadismo hoje, mas duvido que houvesse em sua crueldade qualquer elemento erótico.

Quase adivinhei então, e hoje julgo perceber com clareza, o que todos os seus bodes expiatórios tinham em comum. Eram meninos abaixo de certo status social, meninos com sotaques vulgares. Hoje acho que o coitado do P. — o querido, sincero, esforçado, amigável e saudavelmente piedoso P. — era incessantemente fustigado por um delito somente: ser filho de dentista.

Certa vez vi o Velho fazer aquela criança inclinar-se num dos cantos da sala e depois correr ao redor da sala a cada golpe. Mas P. era um sofredor experiente de incontáveis surras e não soltou nenhum som até que, já perto do final da tortura, ouviu-se um ruído bem pouco parecido com a voz humana. Aquele crocitar peculiar, ou grito aturdido, e os rostos sombrios e a imobilidade cadavérica de todos os outros meninos estão entre as lembranças que eu de bom grado dispensaria.[4]

O curioso é que, apesar de toda essa crueldade, estudávamos muito pouco. Isso, em parte, talvez porque a crueldade fosse irracional e imprevisível; mas em parte por causa dos curiosos métodos empregados. Exceto na geometria (que ele realmente apreciava), pode se dizer que o Velho não ensinava absolutamente nada. Ele reunia a turma e fazia perguntas. Quando as respostas eram insatisfatórias, dizia numa voz baixa e calma: "Tragam-me a vara. Vejo que vou precisar dela". Se um menino ficava confuso, o Velho esmurrava a mesa, gritando num crescendo: "Pense... Pense... Pense!". Depois, como prelúdio à execução, ele murmurava: "Vamos, vamos, vamos".

Quando realmente zangado, chegava a absurdos; cutucava o ouvido com o dedo mínimo à cata de cera e balbuciava: "Pois é, pois é, pois é...". Eu o via saltar e dançar aos rodopios como um urso de circo. Enquanto isso, quase sussurrando, Wee Wee, ou o assistente, ou ainda (mais tarde)

---

[4] O castigo veio por causa de um erro numa demonstração geométrica.

a filha caçula do Velho arguia a nós, os alunos mais novos, em outra mesa. "Aulas" desse tipo não duravam muito; que fazer então com os meninos no resto do tempo? O Velho resolveu que os alunos poderiam, com mínimo incômodo para ele, estudar aritmética. Assim, quando entrávamos na escola às nove da manhã, cada um pegava sua lousa e começava a fazer cálculos. Logo depois, éramos chamados a "recitar a lição". Terminado isso, cada um voltava a seu lugar e fazia mais cálculos — infinitamente. Assim, todas as outras artes e ciências surgiam como ilhas (na maioria, ilhas rochosas e perigosas) —

> As quais, como gemas ricas e variadas, decoravam
> O seio singelo das profundezas

— sendo as profundezas o oceano sem margens da aritmética. Ao final da manhã, tínhamos de dizer quantos cálculos havíamos feito; e não era lá muito seguro mentir. Mas a supervisão era frouxa, e recebíamos muito pouca assistência. Meu irmão — já contei ao leitor como era então um adolescente vivido — logo encontrou a solução apropriada. Anunciava toda manhã, com total sinceridade, que havia feito cinco cálculos aritméticos; só não acrescentava que eram os mesmos cinco todo dia. Seria interessante saber quantos milhares de vezes ele os fez.

Devo conter-me. Eu poderia continuar enchendo páginas e páginas com a descrição do Velho; alguns dos piores fatos foram omitidos. Mas talvez isso fosse maldoso, e certamente não é indispensável fazê-lo. Posso, porém, falar uma coisa boa dele. Forçado pela consciência, certa vez um dos meninos confessou-lhe uma mentira que, de outro modo, jamais viria à tona.

O ogro ficou comovido; apenas deu um tapinha nas costas do menino aterrorizado e disse: "Nunca se afaste da verdade".

Posso também dizer que, embora ele ensinasse geometria com crueldade, era bom professor nessa matéria. Obrigava-nos a raciocinar, e, por causa daquelas aulas de geometria, posso dizer que me tornei na vida uma pessoa melhor.

Quanto ao resto, talvez haja uma explicação para seu comportamento, algo que o torne mais perdoável. Anos depois, meu irmão conheceu um homem que fora criado na casa ao lado da escola do Velho. Esse homem e sua família — e (acredito) os vizinhos em geral — acreditavam que o Velho fosse louco. Talvez tivessem razão. E se ele só tivesse enlouquecido nos últimos tempos, isso explicaria uma coisa que me deixa perplexo. Naquela escola eu sabia que a maioria dos meninos nada aprendia, e que nenhum deles aprendia muito. Mas o Velho se gabava de um registro admirável de bolsas de estudo no passado. Sua escola não pode ter sido sempre a fraude que era em nosso tempo.

Você pode perguntar então como é que nosso pai pôde nos mandar para lá. Certamente não por ter feito uma escolha cuidadosa. A correspondência a que tenho acesso hoje mostra que ele chegou a cogitar muitas outras escolas antes de se decidir pela do Velho; e o conheço bem o bastante para ter certeza de que em tal assunto ele jamais se deixaria levar pela primeira ideia que lhe viesse à cabeça (que provavelmente teria sido a certa), e nem mesmo pela vigésima primeira ideia (que ao menos teria sido explicável). Sem dúvida, ele teria prorrogado a decisão até a centésima primeira ideia; e ela seria infalível e inescapavelmente errada. É isso que acontece às considerações de um homem simples que pensa ter uma mente sagaz. Como o *Scepticke in Religion* [Cético na religião], de Earle, ele "é sempre difícil demais para si mesmo".

Meu pai gabava-se daquilo que denominava "ler nas entrelinhas". O significado óbvio de qualquer fato ou documento era sempre suspeito: o significado verdadeiro e oculto, invisível a todos os olhos, exceto aos seus, era inconscientemente criado pela fertilidade incansável de sua imaginação. Enquanto pensava interpretar os prospectos do Velho, estava na verdade compondo na própria mente a história da escola. E tudo isso, não tenho dúvidas, com extrema consciência e mesmo alguma angústia. Talvez se devesse esperar que essa história dele fosse logo implodida pela história real que teríamos para contar depois de algum tempo em Belsen. Mas não foi o que aconteceu. Acho que raramente acontece. Se em cada geração os pais sempre, ou frequentemente, soubessem o que acontece de verdade nas escolas de seus filhos, a história da educação seria muito diferente.

Seja como for, meu irmão e eu certamente não conseguimos gravar a verdade na mente de nosso pai. Para começo de conversa (e isso ficará mais claro na sequência), ele era um homem que tinha dificuldades para se informar. Sua mente era ativa demais para funcionar como receptora precisa. O que pensava ter ouvido nunca era exatamente o que você havia dito. Nem sequer nos esforçamos muito. Como outros filhos, não tínhamos parâmetro algum de comparação; supúnhamos que os tormentos de Belsen fossem os tormentos comuns e inevitáveis de todas as escolas. A vaidade ajudou a calar nossos lábios.

Um menino que volta para casa da escola (especialmente naquela primeira semana, quando o feriado parece eterno) gosta de dar espetáculo. Prefere apresentar seu professor como um palhaço, não como um bicho-papão. Odiaria ser considerado covarde ou chorão, e por isso não pode contar a verdadeira história de seu campo de concentração sem admitir para si mesmo que fora, nas últimas treze semanas, um escravo apagado, assustadiço, lacrimoso e obsequioso. Todos gostamos de mostrar as cicatrizes ganhas na batalha, mas nem tanto as feridas causadas pelo chicote. Meu pai não deve levar a culpa dos anos gastos tristemente em vão na escola do Velho; e agora, nas palavras de Dante, vamos "tratar do bem que encontrei ali".

Em primeiro lugar, descobri, se não a amizade, ao menos um coleguismo solidário. Na escola era comum a intimidação entre alunos quando meu irmão começou a estudar lá. Tive a proteção dele durante os primeiros anos (depois ele foi para uma escola que podemos chamar Wyvern), mas tenho minhas dúvidas se tal proteção era de fato necessária. Naqueles últimos anos de declínio da escola, nós, os internos, éramos muito poucos e excessivamente maltratados para exercer ou sofrer muita intimidação. Além disso, depois de certo tempo, já não havia mais novos alunos. Tínhamos nossas brigas, que na época pareciam bem sérias, mas muito antes do fim já nos conhecíamos havia bastante tempo e já havíamos sofrido demais juntos para não ser, pelo menos, conhecidos de longa data. É por isso, acredito, que Belsen me trouxe tão pouco prejuízo a longo prazo.

Dificilmente qualquer opressão superior tira tanto a coragem de um menino como a opressão de seus iguais. Vivíamos juntos muitas horas agradáveis, os cinco internos remanescentes. O abandono dos jogos organizados, embora uma infeliz preparação para a vida na escola particular, à qual a maior parte de nós estava destinada, foi na época uma grande bênção. Éramos despachados para passeios livres em dias de folga. Não passeávamos muito, na verdade. Comprávamos doces nas lojas das vilas modorrentas e vagávamos pelas margens do canal, ou sentávamos à beira de um túnel de estrada de ferro, esperando a passagem dos trens. Hertfordshire já parecia então menos hostil.

Nossa conversa não fora contaminada pelos interesses estreitos que satisfazem os meninos das escolas particulares inglesas; ainda tínhamos a curiosidade das crianças. Lembro daquela época o que deve ter sido a primeira discussão metafísica de que participei. Debatíamos se o futuro era como uma linha que você não pode ver ou como uma linha que ainda não foi traçada. Não consigo lembrar que partido tomei, embora saiba que a ele me apeguei com grande fervor. E sempre havia aquilo que Chesterton chama "lenta maturação das velhas piadas".

O leitor reparará que essa escola estava então passando a refletir um modelo com que eu já deparara no lar. Em casa, os tempos difíceis fizeram que eu e meu irmão nos aproximássemos; aqui, onde os tempos eram sempre difíceis, o medo e o ódio do Velho exerceram mais ou menos a mesma influência sobre nós todos. A escola dele era, de certa forma, como a escola do dr. Grimstone em *Vice-Versa*; mas, ao contrário da do dr. Grimstone, não tinha informante. Resistíamos firmemente e em bloco ao inimigo comum. Desconfio de que esse modelo, ocorrendo já duas vezes na minha então curta vida, tenha distorcido indevidamente minha forma de enxergar as coisas. Até hoje a visão de mundo que me vem mais naturalmente é aquela em que o conceito de "nós dois" ou "nós poucos" (e, de certa forma, "nós, os poucos felizes") se levanta contra algo mais forte e maior.

A posição da Inglaterra em 1940 não foi para mim surpresa alguma; é a espécie de coisa que sempre espero. Portanto, embora a amizade tenha sido de longe a fonte principal de minha felicidade, os contatos com conhecidos ou a sociedade em geral sempre significaram pouco para mim, e não consigo entender bem por que um homem deva desejar conhecer mais pessoas do que ele pode ter como amigos verdadeiros. Daí, também, um interesse bastante deficiente, talvez censuravelmente deficiente, em grandes causas e movimentos coletivos. O interesse que uma batalha desperta em mim (seja na ficção, seja na realidade) é quase na proporção inversa do número de combatentes.

A escola do Velho também exigiu de outra forma minha anterior experiência doméstica. A esposa do Velho morreu, e em dias de aula. Ele reagiu ao falecimento tornando-se mais violento do que antes; tanto que Wee Wee chegou a fazer uma espécie de pedido de desculpas aos meninos em nome do pai. O leitor certamente se lembra de que eu já havia aprendido a temer e a odiar a emoção; e aqui estava mais uma razão para agir assim.

Mas ainda não mencionei a coisa mais importante que me aconteceu na escola do Velho. Foi lá que me tornei pela primeira vez um crente competente. Pelo que posso me lembrar, o instrumento foi a igreja a que éramos levados duas vezes todo domingo. Era uma congregação da ala "alta" da Igreja Anglicana, a ala "anglo-católica". Reagi consciente e intensamente contra suas peculiaridades — pois eu não era justamente um protestante do Ulster e não eram esses rituais esquisitos parte essencial da odiada atmosfera inglesa?

Inconscientemente, desconfio, as velas e o incenso, as vestes e os hinos cantados de joelhos talvez tenham exercido uma influência considerável, e contrária, sobre mim. Mas não acho que eram o mais importante. O que realmente importava era que ali eu ouvia as doutrinas do cristianismo (em contraste com uma "elevação" genérica) ensinadas por homens que claramente criam nelas. Como eu não tinha nada de cético, o resultado era trazer à vida aquilo em que eu já teria dito acreditar. Nessa experiência, havia grande parcela de temor. Não creio que houvesse mais do que o saudável ou mesmo necessário; mas, se em meus livros falei demais do Inferno, ou se os críticos querem uma explicação histórica do fato, devem procurá-la não no suposto puritanismo de minha infância no Ulster, mas no anglo-catolicismo da igreja de Belsen.

Eu temia por minha alma, especialmente em certas noites de luar resplandecente naquele dormitório sem cortinas. Ah! como o som da respiração dos outros meninos me vem à lembrança! O efeito, até onde sou capaz de julgar, foi inteiramente positivo. Comecei com seriedade a orar, a ler minha Bíblia e a tentar obedecer à minha consciência. A religião figurava entre os assuntos que debatíamos com frequência. E debatíamos, se não me falha a memória, de forma totalmente saudável e proveitosa, com grande seriedade e sem histeria, e também sem o constrangimento dos meninos mais velhos. Como retrocedi depois desse início, o leitor o saberá adiante.

Intelectualmente, o tempo que passei na escola do Velho foi desperdiçado quase por completo. Se a escola não tivesse fechado e se eu tivesse ficado ali mais dois anos, isso provavelmente teria selado para sempre meu destino de estudante. Geometria e algumas páginas da *English grammar*, de West (mas mesmo essas, acredito que achei por mim mesmo) são os únicos itens na coluna dos ganhos. Quanto ao resto, tudo o que emerge do mar da aritmética é uma selva de datas, batalhas, produtos exportados e importados e coisas semelhantes — esquecidas tão logo aprendidas e perfeitamente inúteis caso se gravassem na memória.

Houve também uma grande decadência em minha vida imaginativa. Por muitos anos, a Alegria (como a defini) esteve não apenas ausente, mas também esquecida. Minhas leituras então se restringiam principalmente a coisas imprestáveis; mas, como não existia biblioteca na escola, não devemos jogar a culpa disso sobre os ombros do Velho. Eu lia textos escolares inúteis em *The captain* [O capitão]. O prazer aqui era, no sentido apropriado, mera fantasia e satisfação dos desejos. Imaginávamo-nos vivendo os triunfos do herói.

Quando o menino passa da literatura infantil à escolar, retrocede em vez de evoluir. *A história de Pedro Coelho* agrada uma imaginação desinteressada, pois a criança não quer ser um coelho, embora talvez goste de fingir sê-lo, assim como mais tarde pode gostar de interpretar *Hamlet*. Mas a história do menino nada promissor que se torna capitão do time principal de críquete existe precisamente para alimentar suas verdadeiras ambições.

Também desenvolvi um forte gosto por toda obra de ficção sobre o mundo antigo que eu conseguia arrumar: *Quo vadis?*, *Darkness and dawn* [As trevas e o alvorecer], *Os gladiadores*, *Ben-Hur*. Talvez seja possível supor que isso nasceu de meu interesse por religião, mas acho que não. Os primeiros cristãos participavam de muitos desses romances, mas não era a eles que eu buscava. Eu queria simplesmente sandálias, templos, togas, escravos, imperadores, galeras, anfiteatros. A atração, como posso ver hoje, era erótica, e erótica de uma maneira um tanto mórbida. E eram, na maioria, como literatura, livros bem ruins. O que trouxe melhores resultados e ao mesmo tempo passei a frequentar, foi a obra de Rider Haggard, bem como a ficção científica de H. G. Wells.

A ideia de outros planetas exercia sobre mim uma atração peculiar e inebriante, bem diferente de quaisquer outros de meus interesses literários. Sem dúvida alguma não era o encanto romântico de *Das Ferne*. A "Alegria" (no sentido técnico que dou ao termo) jamais partiu de Marte ou da Lua. Era algo mais grosseiro e mais forte. O interesse, quando me vinham as crises, era arrebatador, como a luxúria. Acabei aceitando essa força grosseira específica como sinal de que o interesse que a gera é psicológico, e não espiritual; por trás dessa ardente preferência espreita — desconfio — uma explicação psicanalítica. Posso talvez acrescentar que meus próprios romances planetários foram não tanto a satisfação dessa ardente curiosidade quanto seu exorcismo. O exorcismo funcionou conciliando essa curiosidade com outro impulso — mais esquivo e genuinamente criativo. Ou talvez até submetendo-a a esse impulso.

Que o interesse comum em ficção científica é questão para psicanalistas deduz-se do fato de que todos os que apreciam o gênero o fazem de forma arrebatada e todos os que não o apreciam não raro sentem aversão por ele. A repulsa de uns tem a mesma força grosseira do interesse deslumbrado de outros, sendo igualmente denunciadora.

Basta da escola do Velho; mas o ano não eram só aulas. A vida no abominável internato é uma boa preparação para a vida cristã, pois ensina a pessoa a viver na esperança. Até, de certo modo, na fé, pois, no início de cada período letivo, o lar e as férias estão tão distantes que concebê-los é tão difícil quanto conceber o céu. Têm a mesma lamentável irrealidade quando confrontados com horrores imediatos. A geometria de amanhã eclipsa o distante término das aulas, assim como a operação de amanhã pode eclipsar a esperança do Paraíso.

No entanto, aula após aula, o inacreditável acontecia. Números fantásticos e astronômicos como "daqui a seis semanas" se reduziam a números praticáveis como "daqui a uma semana", e depois a simplesmente "amanhã", e então a bem-aventurança quase sobrenatural do Último Dia surgia pontualmente. Era um deleite que praticamente só se podia apaziguar com jarras de vinho e o consolo das maçãs; um deleite que percorria a espinha, perturbava o estômago e, por vezes, chegava a quase deter a respiração. Claro que isso tinha também um lado oposto terrível e igualmente aplicável.

Na primeira semana das férias, podíamos perceber que as aulas voltariam — como um jovem em tempo de paz, em plena saúde, reconhece que um dia morrerá. Mas, assim como ele, talvez não pudéssemos ser levados a nos dar conta disso nem mesmo pelo mais agourento *memento mori*. E assim também, toda vez, acontecia o inacreditável. A caveira sorridente por fim se insinuava por trás de todos os seus disfarces. A última hora — mantida no esquecimento por todo artifício possível inventado pela vontade e pela imaginação — vinha no final, e novamente era o chapéu-coco, o colarinho engomado, os calções abotoados na altura do joelho e (pocotó... pocotó... pocotó... pocotó...) a viagem noturna até o cais.

Com toda a sinceridade, acho que a vida da fé é mais fácil para mim por causa dessas lembranças. Pensar, em tempos felizes e confiantes, que vou morrer e apodrecer, ou pensar que um dia todo esse universo se dissipará, tornando-se apenas lembrança (como o Velho virava lembrança três vezes por ano, e com ele as varas, a comida detestável, as instalações sanitárias fétidas e as camas frias), fica mais fácil se já vimos esse tipo de coisa acontecer antes. Assim aprendemos a não acreditar na perenidade das coisas atuais.

Ao tentar apresentar um relato de nossa vida doméstica durante esse período, sou assaltado por dúvidas quanto à cronologia. A vida escolar pode até certo ponto ser datada pelos registros ainda existentes, mas o lento e contínuo desenrolar da vida familiar é inapreensível. O sutil afastamento em relação a nosso pai aumentou imperceptivelmente. Em parte, não havia ninguém a censurar; mas em larga medida, nós éramos os culpados. Um viúvo temperamental, ainda abatido pela perda da esposa, precisa de fato ser um homem muito bom e sábio para não cometer erros na criação de dois meninos barulhentos e travessos, que reservam sua confiança inteiramente um para o outro. E as boas qualidades de meu pai, bem como suas fraquezas, incapacitavam-no para a tarefa. Ele era valoroso e generoso demais para surrar uma criança só para aplacar sua raiva, e também sempre fora impulsivo demais para castigar um filho a sangue frio, mesmo com base em princípios morais.

Portanto, tinha somente a língua como instrumento de disciplina doméstica. E, assim, aquela tendência fatal à dramatização e à retórica (falo disso com a maior liberdade, pois herdei essa característica) gerava um resultado ao mesmo tempo patético e cômico. Quando abria a boca para nos censurar, sem dúvida pretendia apelar de forma breve e precisa ao nosso bom senso e à nossa consciência. Mas — ai de mim! — ele já era orador público bem antes de se tornar pai. Fora por muitos anos promotor público. As palavras lhe vinham à mente e o inebriavam. O que acontecia, então, era que um menino pequeno, depois de andar sobre a grama úmida de chinelo, ou de deixar o banheiro uma bagunça, surpreendia-se atacado por algo como Cícero contra Catilina, ou Burke contra Warren Hastings. Era comparação sobre comparação, pergunta retórica sobre pergunta retórica, o dardejar dos olhos de um orador e a nuvem carregada do cenho, dos gestos, das cadências e das pausas de um orador.

As pausas talvez fossem o principal perigo. Uma delas foi tão longa, que meu irmão — bem inocente, na suposição de que a denúncia havia acabado — humildemente pegou o livro e voltou a ler. Meu pai (que afinal cometera somente um erro de cálculo retórico de cerca de um segundo e meio) encarou o gesto, não sem alguma razão, como "insolência fria e premeditada". A desproporção risível entre essas arengas e os fatos que as suscitavam lembra-me o advogado em Marcial, que esbraveja contra todos os vilões da história de Roma, entretanto *lis est de tribus capellis...*

> Este caso, peço que o tribunal observe,
> Diz respeito à transgressão de uma cabra.

Meu pobre pai, enquanto falava, esquecia não só a "arte", mas o nível de sua plateia. Todos os recursos de seu imenso vocabulário eram vertidos. Ainda me lembro de palavras como "abominável", "sofisticado" e "sub-reptício". O leitor não há de captar todo o sabor da cena a não ser que já conheça a energia de um irlandês zangado quando se derrama em consoantes oclusivas e no rico rosnar de seus erres. Pior tratamento dificilmente poderia ser aplicado. Até certa idade, essas injúrias me enchiam de apreensão e pavor sem limites.

Do deserto dos adjetivos e do tumulto do ininteligível, emergiam ideias que eu acreditava então entender extremamente bem, pois ouvia com crença implícita e literal que a ruína de nosso pai se aproximava, que logo todos mendigaríamos o pão nas ruas, que ele fecharia a casa e nos manteria na escola o ano inteiro, que seríamos enviados às colônias e lá acabaríamos tristemente a carreira de crimes na qual já tínhamos, assim me parecia, embarcado. Toda a segurança parecia ser tirada de mim; já não havia chão sólido sob meus pés. É significativo observar que naquela época, se eu acordasse à noite e não ouvisse imediatamente a respiração de meu irmão na cama ao lado, muitas vezes desconfiava que meu pai e ele tivessem levantado sorrateiramente enquanto eu dormia e assim partido para a América: que eu finalmente havia sido abandonado. Tal era o efeito da retórica de meu pai até certa idade; depois, bem de repente, tornou-se algo ridículo.

Lembro-me até do momento da mudança, e a história ilustra bem tanto a justiça da raiva de meu pai quanto o modo infeliz que escolheu para expressá-la. Certo dia, meu irmão achou que seria interessante fazer uma tenda. Assim, saímos à procura de uma capa de sofá num dos sótãos. O próximo passo era achar os suportes; a escada de mão na lavanderia insinuou-se de pronto. Para um menino armado de uma machadinha, não demorava mais que um instante reduzir a escada a várias estacas soltas. Quatro delas foram então enfiadas na terra, sendo a capa jogada por cima. Para garantir que a estrutura fosse realmente confiável, meu irmão então experimentou sentar-se em cima dela. Lembramo-nos de guardar os retalhos da capa, mas simplesmente nos esquecemos das estacas.

No final da tarde, depois de meu pai ter voltado do trabalho e jantado, saiu para um passeio no jardim, acompanhado dos filhos. A visão das quatro finas estacas se erguendo da grama despertou nele uma curiosidade desculpável. Seguiram-se as perguntas, e nessa ocasião contamos a verdade. Então os raios relampearam e o trovão rugiu; e tudo teria passado, como já passara numa dúzia de ocasiões anteriores, não fora pelo clímax: "Em vez disso, vejo que vocês retalharam a escada de mão. E, em verdade, para quê? Para fazer algo semelhante a um inútil show de marionetes briguentas?". Naquele momento, nós dois escondemos o rosto; e não — ai de nós! — para chorar.

Como se poderá deduzir dessa história, um fator dominante em nossa vida doméstica era a ausência diária de nosso pai das nove da manhã, aproximadamente, até as seis da tarde. Durante o restante do dia, tínhamos a casa toda para nós, excetuando a presença da cozinheira e da faxineira, com quem às vezes nos víamos em pé de guerra, às vezes em aliança. Tudo nos convidava a levar uma vida que não tivesse ligação com nosso pai. O mais importante de nossa atividade era o drama infinito da Terra dos Bichos e da Índia, e isso, por si mesmo, isolava-nos dele.

Mas não devo deixar ao leitor a impressão de que todas as horas felizes dos feriados aconteciam na ausência de nosso pai. Seu temperamento era mercurial — o ânimo lhe subia tão facilmente quanto caía —, e seu perdão era tão extremo quanto seu desgosto. Era muitas vezes o mais jovial e agradável dos pais. Podia "bancar o bobo" tanto quanto qualquer um de nós e não tinha consideração pela própria dignidade — "não posava de esnobe". É claro que, com aquela idade, eu não podia perceber a ótima companhia (segundo os parâmetros adultos) que ele era. Seu humor era do tipo que exige ao menos algum conhecimento da vida para uma plena apreciação; eu simplesmente me aquecia nele, como em tempo bom. E o tempo todo havia o deleite sensório de estar no lar, o deleite do luxo — "civilização", como o chamávamos.

Falei há pouco de *Vice-Versa*. Sua popularidade certamente se deveu a algo mais que o elemento cômico. É a única história escolar verdadeira até hoje. O mecanismo da Pedra de Garuda realmente serve para revelar em todos os detalhes (que de outro modo pareceriam exagerados) as sensações que todo menino teve ao passar do calor, da maciez e da dignidade de sua casa às privações e à feiura crua e sórdida da escola. Digo "teve", e não "tem", pois desde essa época talvez os lares tenham se rebaixado no mundo, e as escolas se elevado.

O leitor poderá se perguntar se não tínhamos amigos, vizinhos, parentes. Tínhamos, sim. A uma família em especial, nossa dívida é tão grande que melhor é deixá-la, juntamente com outros assuntos, para o próximo capítulo.

CAPÍTULO 3

Mountbracken e Campbell

Pois toda essa gente formosa no salão estava ainda na primeira idade; sob o céu, ninguém mais feliz que eles; seu rei, o homem da índole mais nobre. Seria hoje uma difícil tarefa encontrar tão bravos companheiros em qualquer castelo.

— Sir Gawain e o Cavaleiro Verde

Falar dos parentes mais próximos é lembrar a mim mesmo como o contraste entre os Lewis e os Hamilton dominaram inteiramente meus primeiros anos. Começou, para mim, pelos avós. O avô Lewis, surdo, de movimentos lentos, murmurando seus salmos, muito preocupado com sua saúde e sempre pronto a lembrar à família que não ficaria ainda muito tempo com eles, revela um contraste marcante com a avó Hamilton, a viúva de língua ferina e raciocínio rápido, plena de opiniões heterodoxas (e até, para escândalo dos mais próximos, defensora do governo autônomo na Irlanda). Era uma Warren legítima até a raiz dos cabelos, indiferente às convenções como só uma velha aristocrata sul-irlandesa poderia ser, e vivia sozinha numa mansão quase em ruínas, cercada por meia centena de gatos que lhe faziam companhia. Nem me lembro de quantas vezes ela respondeu com rudeza — "Você está é falando uma grande bobagem" — a um inocente comentário inicial numa conversa. Nascesse um pouco mais tarde, seria ela, eu acho, uma "fabiana".[1] Ela rebatia comentários despretensiosos com afirmações impiedosas de verdades impositivas e máximas banais, e com uma ácida exigência de comprovação. Naturalmente, as pessoas a consideravam excêntrica.

Uma geração abaixo, encontro a mesma oposição. O irmão mais velho de meu pai, o "tio Joe", com sua família de dois filhos e três filhas, vivia bem próximo a nós na época da Casa Velha. Seu filho mais novo foi meu primeiro amigo, mas nos separamos depois. O tio Joe era um homem inteligente e bondoso, tendo um xodó especial por mim. Mas nada me lembro do que era dito pelos mais velhos naquela casa; era simplesmente conversa "de adultos" — sobre pessoas, negócios, política e saúde, suponho. Mas o "tio Gussie" — irmão de minha mãe, A. W. Hamilton — conversava comigo como se eu fosse de sua idade. Ou seja, conversava sobre Coisas. Falava sobre toda a ciência que eu podia assimilar — e com clareza, avidez, sem piadas idiotas e ar superior, claramente saboreando tanto quanto eu. Assim, ele me proporcionou a base intelectual para as leituras de H. G. Wells.

Não acho que ele se importasse comigo, como pessoa, tanto quanto o tio Joe (nem a metade, de fato); e era isso (considerem ou não injustiça) que mais me agradava. Durante essas conversas, nossa atenção se fixava não um no outro, mas no assunto. Sua mulher canadense, eu já

---

[1] Pertencente à "Fabian Society", organização inglesa que pretendia implantar o socialismo por meio de reformas graduais. [N. T.]

mencionei. Nela eu também encontrava aquilo de que mais gostava: uma acolhida confiável, gostosa, sem o menor traço de sentimentalismo, além de um bom senso inabalável, o talento sutil de deixar todas as coisas, em todos os momentos, tão alegres e naturais quanto as circunstâncias o permitissem. Para ela, vivia-se sem aquilo que não se podia ter, sempre aproveitando o melhor de cada situação. A tendência dos Lewis de reabrir feridas e cutucar a onça com vara curta era estranha tanto a ela quanto ao marido.

Mas tínhamos outro parente que nos era bem mais importante que nossos tios e tias. A cerca de um quilômetro e meio de casa ficava a maior mansão que eu conhecia, que chamarei aqui de Mountbracken, e ali vivia o sr. W. E. A senhora E. era prima em primeiro grau de minha mãe e talvez sua amiga mais querida, e foi sem dúvida por amor à minha mãe que assumiu a heroica tarefa de educar a mim e a meu irmão. Éramos sempre convidados a almoçar em Mountbracken quando estávamos em casa; a isso, quase inteiramente, devemos o fato de não termos crescido como selvagens.

A dívida não é só para com a senhora E. ("prima Mary"), mas para com toda a sua família. Caminhadas, passeios de automóvel (naqueles tempos, uma empolgante novidade), piqueniques e convites para ir ao teatro choviam sobre nós, ano após ano, com uma bondade que nossa crueza, nosso comportamento barulhento e nossa falta de pontualidade jamais pareciam desgastar. Ali ficávamos quase tão à vontade quanto em nossa casa, mas com uma grande diferença: éramos obrigados a demonstrar determinado grau de boas maneiras. Tudo o que sei (e não é muito) de cortesia e *savoir-faire,* aprendi-o em Mountbracken.

O sr. W. ("primo Quartus") era o mais velho de vários irmãos, todos sócios-proprietários de uma das indústrias mais importantes de Belfast. Ele pertencia de fato justamente àquela classe e geração da qual o homem moderno tem noção pelos Forsyte de Galsworthy. A não ser que o primo Quartus disfarçasse muito bem (e ele pode mesmo ter feito isso), essa noção é grosseiramente injusta. Jamais existiu alguém menos parecido com uma personagem galsworthyana.

Ele era cortês, infantil, profunda e religiosamente humilde, e muito caridoso. Homem nenhum poderia sentir mais plenamente a responsabilidade por seus dependentes. Ele tinha uma boa dose de alegria de menino; ao mesmo tempo, sempre senti que o conceito de dever dominava sua vida. Sua figura imponente, a barba grisalha e o perfil admiravelmente belo compõem uma das imagens mais veneráveis de minha lembrança. A beleza física era de fato comum à maior parte da família.

A prima Mary era o próprio parâmetro da bela senhora idosa, com seu cabelo prateado e a doce voz sul-irlandesa. Os estrangeiros precisam ser avisados de que isso lembra quase tão pouco o que chamam "sotaque irlandês" quanto a fala de um nobre da região montanhosa da Escócia lembraria a gíria dos subúrbios pobres de Glasgow.

Mas eram as três filhas que conhecíamos melhor. As três já eram "crescidas", mas na verdade muito mais próximas de nós na idade do que qualquer outro adulto que conhecíamos; e as três eram admiravelmente belas. H., a mais velha e mais séria, era uma Juno, uma rainha morena que em certos momentos lembrava uma judia. K. mais parecia uma Valquíria (embora todas, acho eu, fossem boas amazonas), trazendo o perfil do pai. Havia em seu rosto algo da delicada ferocidade de um corcel puro-sangue, uma indignada delgadeza nas narinas, a possibilidade de um excelente desdém. Tinha aquilo que a vaidade de meu sexo chama de sinceridade "masculina"; homem nenhum jamais foi amigo tão verdadeiro.

Quanto à mais nova, G., só posso dizer que era a mulher mais linda que jamais vi: perfeita na forma, na cor, na voz e em cada momento — mas quem é que consegue descrever a beleza? O leitor pode rir disso, julgando-o o eco distante de uma precoce paixão infantil, mas estará errado. Existem belezas tão absolutas que dispensam lentes desse tipo para revelá-las; são visíveis mesmo aos olhos descuidados e objetivos de uma criança. (A primeira mulher que mexeu comigo foi a professora de dança de uma escola que aparecerá num capítulo posterior.)

De certo modo, Mountbracken era como a casa de nosso pai. Ali também havia os sótãos, os silêncios, as intermináveis estantes de livros. Nos primeiros tempos, quando ainda éramos bem pouco domados, muitas vezes desprezávamos nossas anfitriãs e fazíamos nossas incursões por conta própria. Foi lá que encontrei *Ants, bees and wasps* [Formigas, abelhas e vespas], de Lubbock. Mas era também bem diferente. A vida ali era mais espaçosa e refletida do que a nossa, deslizando como uma barcaça, enquanto a nossa sacolejava como uma carroça.

Amigos de nossa idade — meninos e meninas —, não tínhamos nenhum. Em parte, isso era uma consequência natural do internato; as crianças crescem como estranhos dos vizinhos de porta. Mas era também, e muito mais, consequência de nossa teimosia. Certo menino que vivia ali perto tentava de vez em quando nos conhecer. Mas nós o evitávamos de todas as maneiras possíveis. Nossa vida já estava plenamente preenchida, e os feriados eram curtos demais para toda a leitura, a escrita, as brincadeiras, os passeios de bicicleta e as conversas que queríamos ter.

Encarávamos o surgimento de quaisquer terceiros como uma irritante interrupção.

Indignávamo-nos ainda mais enraivecidamente com as pessoas que tentavam (exceção feita à ótima e exitosa tentativa empreendida por Mountbracken) oferecer-nos hospitalidade. Na época de que estou tratando agora, isso ainda não se tornara um incômodo mais grave, mas, como se foi tornando cada vez mais sério durante nossa fase escolar, talvez seja apropriado dizer aqui uma palavra sobre o assunto, para nos livrarmos logo dele. A vizinhança tinha o costume de promover festas, que na verdade eram bailes para adultos, mas aos quais, assim mesmo, meros meninos e meninas eram também convidados. É possível ver as vantagens desse sistema pelo ângulo da anfitriã; e quando os convidados mirins já se conheciam bem e se viam livres da timidez, talvez acabassem até gostando.

Para mim, esses bailes eram um tormento — no qual a simples timidez tinha um papel discreto. Era a falsa pose (que eu já tinha capacidade de perceber) que me atormentava; saber que o consideravam mera criança, e mesmo assim você era forçado a participar de uma atividade essencialmente adulta, sentindo que todos os adultos presentes eram meio amáveis, meio debochados, fingindo tratá-lo como alguém que você não era. Acrescente-se a isso o desconforto do terno justo e da camisa sufocante, as dores nos pés, a testa em chamas e o simples cansaço de ser forçado a ficar acordado muitas horas depois da hora habitual de dormir.

Mesmos os adultos, chego a pensar, não achariam as festas noturnas lá muito toleráveis sem a atração do sexo oposto e do álcool. Mas então como é que um menino pequeno, que não pode nem paquerar nem beber, poderia gostar de saracotear num piso polido até de madrugada? Logicamente, eu não tinha a menor noção dos vínculos sociais. Nunca me dei conta de que determinadas pessoas se viam obrigadas, pelas regras da educação, a me convidar porque conheciam meu pai ou tinham conhecido minha mãe.

Para mim, tudo era uma perseguição inexplicável e gratuita. E quando, como não raro ocorria, esses compromissos caíam na última semana das férias e nos roubavam uma enorme quantidade de horas, das quais cada minuto valia ouro, eu sentia verdadeiramente que poderia esquartejar minha anfitriã membro a membro. Por que ela insistia em me infernizar? Eu nunca havia feito nada de mau contra ela, nem jamais *a* convidara para uma festa.

Meus incômodos foram agravados pelo comportamento totalmente antinatural que, segundo eu pensava, era obrigado a adotar num baile; e isso veio à tona de forma bem engraçada. Lendo muito e me misturando pouco com as crianças de minha idade, eu já tinha, antes de ir à escola, desenvolvido um vocabulário que certamente (hoje vejo) soava bastante engraçado vindo dos lábios de um molequinho rechonchudo de paletó escolar. Quando eu sacava minhas "palavras compridas", os adultos pensavam, e não sem razão, que eu estava me exibindo. Nisso eles estavam bem equivocados. Eu usava as únicas palavras que conhecia.

O correto era na verdade bem o contrário daquilo que supunham; eu me orgulharia de usar a gíria escolar, se a soubesse, em vez da linguagem livresca que (inevitavelmente, pelas circunstâncias) vinha à minha boca de modo natural. E não faltavam adultos que me incentivassem com fingido interesse e fingida seriedade — até o momento em que eu percebia, de repente, que estava sendo ridicularizado. Então, claro, meu sofrimento era intenso. Depois de uma ou duas dessas experiências, baixei a severa regra de que em "ocasiões sociais" (como secretamente as chamava), eu jamais deveria, sob nenhum pretexto, falar de qualquer assunto pelo qual eu sentisse o mínimo interesse, nem em palavras que naturalmente me ocorressem.

E observei essa regra com extrema meticulosidade; desde então assumi, de modo consciente, como um ator assume seu papel, um comportamento social que envolvia a imitação tola e balbuciante da fala mais rasa de um adulto e a ocultação deliberada de tudo o que eu realmente pensava e sentia sob uma espécie de débil jocosidade e entusiasmo. O "papel" era sustentado com tédio indizível e abandonado com um gemido de alívio assim que meu irmão e eu afinal saltávamos no cabriolé para voltar para casa (esse, sim, o único prazer da noite). Demorei anos para descobrir que qualquer conversa de verdade pudesse se dar numa reunião mista de pessoas nas melhores roupas.

Neste ponto me toma de assalto a curiosa mistura de justiça e injustiça em nossa vida. Somos censurados por nossas falhas reais, mas geralmente não nas ocasiões corretas. Eu era, sem dúvida, um menino presunçoso e era censurado por isso; mas a censura se ligava geralmente a algo em que não havia presunção. Os adultos muitas vezes apontam vaidade numa criança sem parar para refletir em que aspectos as crianças em geral, ou essa criança em particular, provavelmente será vaidosa.

Assim foi para mim durante anos um completo mistério o fato de meu pai estigmatizar como "afetação" minhas reclamações sobre as comichões e cócegas provocadas pelas roupas que ficavam em contato com a pele. Hoje vejo tudo com clareza: ele tinha em mente a lenda social que associava a delicadeza da pele ao refinamento e supunha que eu estava alegando ser incomumente refinado. Na realidade, eu simplesmente ignorava essa lenda social. E, se fosse para ter alguma vaidade aqui, eu ficaria muito mais orgulhoso se tivesse a pele de um marujo. Eu era acusado de um delito que nem tinha como cometer. Em outra ocasião, fui chamado de "pedante" por perguntar o que significava "*stirabout*". Trata-se, na verdade, de uma palavra irlandesa "vulgar" para mingau. Para certos adultos, parece óbvio que aquele que alega não conhecer o Vulgar deve estar posando de Nobre. No entanto, o que motivou realmente a pergunta foi o fato de eu jamais ter ouvido antes a palavra; pois, se a tivesse ouvido, eu mesmo teria orgulho em usá-la.

A escola do Velho — o leitor há de lembrar — faliu no verão de 1910 sem deixar saudades; novos planos teriam de ser feitos para a minha educação. Dessa vez meu pai concebeu algo que me encheu de entusiasmo. A cerca de uma milha da Casa Nova, erguiam-se os altos muros e torres de tijolo vermelho do Campbell College, que fora fundado com o expresso propósito de dar aos meninos do Ulster todas as vantagens da educação de uma escola particular, sem o incômodo da obrigação de cruzar o mar da Irlanda. Inteligente, um de meus primos, filho do tio Joe, já estudava lá e saía-se bem. Decidiu-se então que eu seria matriculado como aluno interno, mas poderia obter licença para ir para casa todo domingo. Fiquei fascinado. Eu não acreditava que qualquer coisa irlandesa, mesmo um colégio, pudesse ser ruim — certamente não tão ruim quanto tudo o que eu já conhecia da Inglaterra. Assim, lá fui eu para "Campbell".

Fiquei nessa escola tão pouco tempo que não devo nem tentar criticá-la. Era bem diferente de qualquer outra escola particular inglesa de que já ouvira falar. Tinha até monitores da disciplina, mas estes não tinham muito relevo. Era dividida nominalmente em "classes", segundo o modelo inglês, mas

Surpreendido pela alegria

essas não passavam de meras ficções legais; exceto quando das competições (que não eram compulsórias), ninguém se importava com elas. O conjunto de alunos era socialmente muito mais "heterogêneo" do que na maioria das escolas inglesas; ali eu estudava lado a lado com filhos de fazendeiros.

O menino com quem tive algo mais próximo de uma amizade era filho de um comerciante. Havia pouco tempo, ele passara a acompanhar a entrega dos produtos no carroção do pai, pois o cocheiro era analfabeto e não podia controlar as contas. Eu muito invejava essa agradável ocupação do colega, e ele, coitado, considerava-a uma época de ouro em sua vida. "Por esta altura, no mês passado, Lewis" — ele costumava dizer —, "eu não estaria indo estudar a lição de casa. Estaria voltando para casa, depois das entregas, e lá estaria esperando por mim uma toalhinha para o chá na beirada da mesa e salsichas para acompanhar."

Como historiador, fico feliz por ter conhecido Campbell, pois acho que ela foi muito parecida com aquilo que eram as grandes escolas inglesas antes de Arnold.[2] Havia brigas de verdade em Campbell, com auxiliares e (acho eu) apostas, além de cem ou mais vibrantes espectadores. Havia também muita intimidação, embora eu não tenha enfrentado nada mais grave, mas não se via sinal da rígida hierarquia que governa uma escola inglesa moderna. Cada menino alcançava só o lugar que seus punhos e sua sagacidade natural lhe granjeassem.

De meu ponto de vista, o grande problema era que ninguém tinha um "lugar seu", por assim dizer. Só uns poucos meninos bem veteranos tinham locais de estudo só para si.

---

[2]Thomas Arnold, educador e historiador inglês (1795-1842) responsável pela implantação de um novo regime educacional na Inglaterra. [N. T.]

O resto não tinha lugar fixo, a não ser quando sentados à mesa para as refeições ou numa enorme "sala de estudos" para lições escolares de fim de tarde. Nas horas livres, os alunos passavam o tempo ou fugindo, ou se adaptando a todos aqueles inexplicáveis movimentos que uma multidão exibe, ao se afilar ali e se engrossar acolá, ora retardando o passo, ora fluindo como maré numa direção específica, ora parecendo prestes a se dispersar, ora aglomerando-se novamente.

Nas passagens de tijolo à vista ecoava o contínuo tropel dos passos, volta e meia interrompido por apupos, escaramuças e sonoras gargalhadas. Sempre se estava "indo a algum lugar" ou "matando tempo" — nos banheiros, nos depósitos, no grande salão. Era como viver permanentemente numa grande estação ferroviária.

A intimidação tinha o mérito negativo de ser honesta; não a intimidação autorizada e asséptica do *maison tolérée* do sistema de monitores da disciplina. Ela era exercida principalmente por gangues, grupos de oito ou dez meninos, que varriam aqueles intermináveis corredores em busca de presas. Esses ataques, embora agitados qual redemoinhos, só eram percebidos pela vítima já tarde demais. Acho que a confusão e a algaravia intermináveis os encobriam.

Às vezes a captura trazia graves consequências; dois meninos que eu conhecia foram carregados e surrados em algum canto da escola — surrados da maneira mais indiferente, pois seus captores não os conheciam; a arte pela arte. Mas, na única ocasião em que fui eu mesmo pego, meu destino foi muito mais brando e talvez esquisito o bastante para valer o registro. Quando dei por mim, depois de ser arrastado em alta velocidade por um labirinto de passagens que me levaram além de todos os recantos conhecidos da escola, descobri que era um dos vários prisioneiros num recinto baixo e vazio, meio iluminado (acho eu) por um único bico de gás. Depois de uma pausa para recuperar o fôlego, dois dos bandoleiros levaram o primeiro cativo. Então notei que uma fileira horizontal de canos corria ao longo da parede oposta, a cerca de um metro do piso. Fiquei alarmado, mas sem surpresa, quando o prisioneiro foi forçado a ficar numa posição encurvada, com a cabeça sob o cano mais baixo, na postura própria da execução. Fiquei de fato surpreso um instante depois. O leitor deve se lembrar de que o recinto era mal iluminado. Os dois bandidos deram um empurrão na vítima; e, de súbito, a vítima já não estava mais ali. Sumira, sem deixar rastro, sem som algum. Parecia pura magia negra.

Outra vítima foi conduzida para o mesmo lugar; novamente a postura própria do açoite; novamente, em vez do açoite, a dissolução, a pulverização, o aniquilamento. Por fim, chegou minha hora. Também recebi o empurrão e surpreendi-me caindo por um buraco, ou postigo, na parede; e lá fui parar num porão de carvão. Outro menino pequeno veio rolando logo depois de mim, e a porta foi batida e aferrolhada atrás de nós. Nossos captores, com um grito de alegria, saíram correndo atrás de outras vítimas. Estavam, sem dúvida, competindo com outra gangue rival, com a qual logo comparariam os "saques". Fomos soltos logo depois, bem sujos e com um pouco de cãibra, mas nada mais grave.

De longe, a coisa mais importante que me aconteceu em Campbell foi ter lido em sala o poema *Sohrab and Rustum*, sob orientação de um excelente professor a que chamávamos Octie. Adorei o poema logo de saída e desde então nunca deixei de amá-lo. Logo na primeira linha, assim que a névoa úmida subiu do riacho Oxus, também subiu de todo o poema, envolvendo-me, um frio maravilhoso e prateado, uma qualidade deliciosa de distância e serenidade, uma pesada melancolia. Pouco apreciei na época — como saboreio hoje, depois de aprender a fazê-lo — a tragédia central; o que me fascinou foi o artista vestido de cetim estampado, com sua testa e mãos pálidas, o cipreste no jardim da rainha, o vislumbre da juventude de Rustum, os mascates de Cabul, o silencioso deserto corásmio.

Arnold deu-me imediatamente (e ainda hoje é o melhor que extraio desse autor) um senso, não de fato de uma visão desapaixonada, mas de um olhar passional e calado sobre coisas muito remotas. E observe aqui como realmente funciona a literatura. Críticos papagueadores dizem que *Sohrab* é um poema para classicistas, a ser apreciado só por aqueles que reconhecem os ecos homéricos. Mas eu, na turma de Octie (que Deus o tenha), nada sabia de Homero. Para mim, a relação entre Arnold e Homero funcionou da maneira inversa — quando vim a ler, anos mais tarde, a *Ilíada*, gostei dela em parte porque me lembrava *Sohrab*. Claro, não importa em que ponto você adentre o corpo da poesia europeia. Basta manter os ouvidos abertos e a boca fechada, e tudo o levará a tudo no final — *ogni parte ad ogni parte splende.*

Na metade de meu primeiro período letivo em Campbell, acabei adoecendo e fui levado para casa. Meu pai, por razões que não sei ao certo, ficara insatisfeito com o colégio. Também se deixara atrair por relatos sobre uma escola preparatória na cidade de Wyvern, embora nada ligada ao Wyvern College. Mas o atraiu especialmente a facilidade de que, se eu fosse para lá, eu e meu irmão poderíamos fazer juntos o trajeto. Assim, tive um abençoado período de seis semanas em casa, ainda com os feriados de Natal a vislumbrar no final, e, depois disso, uma nova aventura.

Numa carta a meu irmão que ainda temos, meu pai escreve que eu me considero sortudo, mas ele "teme que eu me sinta bem solitário antes do final da semana". É estranho que, tendo me conhecido durante toda a minha vida, ele demonstre conhecer tão pouco de mim. Nessas semanas dormi no quarto dele e assim fiquei livre da solidão durante aquelas horas mais escuras em que ela me era mais terrível. Estando ausente meu irmão, meu pai e eu não poderíamos levar um ao outro a cometer bobagens; assim, não havia atrito entre nós. Não me lembro de nenhum outro período na vida de afeto tão imperturbado; ficamos muito bem no aconchego um do outro. E, nos dias em que ele saía, eu mergulhava totalmente satisfeito na solidão mais profunda que jamais conhecera até então. A casa vazia, os cômodos vazios e silenciosos, eram como um banho refrescante depois do barulho tumultuado de Campbell. Eu podia ler, escrever e desenhar a meu bel-prazer.

Muito curiosamente, é nessa época, e não na infância mais tenra, que me lembro de ter saboreado com mais gosto os contos de fada. Fui profundamente enfeitiçado pelos Anões — os velhos anões de capuzes reluzentes e barbas alvíssimas que tínhamos naqueles dias, antes que Arthur Rackham elevasse, ou Walt Disney vulgarizasse, os homenzinhos da terra. Eu os visualizava tão intensamente que cheguei mesmo às raias da alucinação. Certa vez, andando pelo jardim, por um segundo tive a impressão de que um homenzinho tinha passado correndo por mim, sumindo nas folhagens. Fiquei sutilmente alarmado, mas não era como meus medos noturnos. Um medo que vigiava o caminho do Mundo das Fadas era algo que eu podia suportar. Ninguém é covarde em todos os aspectos.

CAPÍTULO 4

Ampliação de meus horizontes

Bati na mesa e gritei: "Chega; vou deixar este lugar".
O quê? Devo então sempre suspirar de saudade?
Meus versos e minha vida são livres: livres como a estrada,
Soltos como o vento, amplos como a fartura.

— Herbert

Em janeiro de 1911, pouco depois do meu décimo terceiro aniversário, parti com meu irmão para Wyvern: ele para o ensino médio, e eu para a escola preparatória, que chamaremos Chartres. Assim começou o que podemos denominar o período clássico de nossos tempos de escola, o que primeiro nos vem à mente quando se fala em meninice. As viagens que fazíamos juntos de volta à escola, com uma relutante despedida na estação de Wyvern, e o reencontro alegre e barulhento na mesma estação para a viagem de volta para casa eram agora os grandes pilares estruturais de cada ano.

O desenvolvimento da maturidade é marcado pelas liberdades crescentes que tomamos nas viagens. No início, depois de aportar de manhã bem cedo em Liverpool, tomávamos o próximo trem para o sul. Logo descobrimos que era mais agradável passar toda a manhã no saguão do Lime Street Hotel, com nossas revistas e livros, e depois seguir para Wyvern num trem vespertino, adiando assim ao máximo o momento da chegada. Logo também deixamos de lado as revistas; descobrimos (algumas pessoas nunca chegam a fazê-lo) que livros de verdade podem ser levados numa viagem e que horas de excelente leitura podem ser acrescentadas aos outros deleites do percurso. (É importante desenvolver o mais cedo possível a capacidade de ler onde quer que estejamos. Li *Tamburlaine* pela primeira vez em uma viagem de Larne a Belfast, em meio a uma tempestade; e *Paracelso*, de Browning, li à luz de uma vela que se apagava e tinha de ser acesa novamente sempre que uma grande bateria abria fogo num fosso abaixo de mim — o que, creio eu, aconteceu de quatro em quatro minutos durante toda aquela noite.)

A viagem para casa era ainda mais festiva. Tinha uma rotina invariável: primeiro o jantar num restaurante — nada mais que ovos escaldados e chá, mas para nós a mesa dos deuses —, depois a visita ao velho Empire (naqueles tempos ainda havia os espetáculos de variedades) e afinal a jornada à Plataforma de Embarque, a visão dos navios grandes e famosos, a partida e novamente o abençoado sal nos lábios.

Meu pai não era puritano e muitas vezes nos levava sábado à noite à Casa de Espetáculos de Belfast. Hoje reconheço que jamais tive o gosto pelos espetáculos de variedades que ele partilhava com meu irmão. Naquela época, eu supunha estar gostando mesmo do espetáculo, mas era engano meu. Todas essas bobagens jazem mortas na minha memória e são incapazes de despertar o menor vestígio da lembrança de um prazer; mas a dor da solidariedade e a humilhação substitutiva que eu sentia quando um "número" fracassava é ainda vívida.

Ampliação de meus horizontes

O que me agradava eram meramente os acessórios do show: a agitação e as luzes, a sensação de sair à noite, o ânimo de meu pai em seu humor de feriado e — acima de tudo — a incrível refeição fria que nos aguardava quando voltávamos lá pelas dez da noite. Pois essa foi também a época clássica de nossa culinária doméstica, a era de uma Annie Strahan. Naquela mesa surgiam certas "tortas levedadas" das quais um menino inglês moderno não tem a menor noção e que mesmo na época teria espantado os que conheciam só as pobres imitações vendidas nas confeitarias.

Chartres, um edifício alto e alvo que ficava num ponto mais elevado em relação ao colégio secundário, era uma escola pequena, com menos de vinte alunos internos; mas era bem diferente da do Velho. É aqui que começam de verdade meus estudos. O diretor, a quem chamávamos Tubbs, era um professor inteligente e paciente. Sob a orientação dele, rapidamente avancei no latim e no inglês, e até comecei a ser visto como candidato promissor a uma bolsa de estudos no colégio secundário. A comida era boa (embora, claro, reclamássemos dela), e éramos bem tratados. Em geral, eu me dava bem com meus colegas de escola, embora vivêssemos plenamente aquelas amizades duradouras, as facções inconciliáveis, as rixas mortais, os acordos definitivos e as gloriosas revoluções que perfazem uma parcela tão grande da vida de um menino pequeno, e em meio às quais eu às vezes vinha à tona por baixo, às vezes por cima.

Foi a cidade de Wyvern que pôs fim à rixa que eu tinha contra a Inglaterra. A grande planície azulada lá embaixo e, lá atrás, as colinas verdes e pontiagudas, tão montanhosas na forma, porém tão acessíveis no tamanho, tornaram-se de imediato meu deleite. O Convento de Wyvern foi o primeiro edifício que achei belo. E em Chartres fiz meus primeiros amigos de verdade. Mas ali, também, algo muito mais importante aconteceu comigo: deixei de ser cristão.

A cronologia desse desastre é um tanto vaga, mas sei com certeza que não começara ainda quando fui para lá e que o processo se completou pouco depois de eu deixar a cidade. Tentarei definir o que sei das causas conscientes e aquilo que desconfio das inconscientes.

Com toda a relutância, sem me atrever a censurar, e o mais ternamente possível, como quem, por pura necessidade, revela algum erro da própria mãe, devo começar pela querida senhorita C., a inspetora. Nenhuma escola jamais teve uma inspetora melhor, mais hábil e pronta a confortar os meninos doentes, ou mais animada e companheira para os meninos saudáveis. Ela foi uma das pessoas mais altruístas que conheci na vida. Todos a amávamos; eu, o órfão, especialmente.

Ora, aconteceu que a senhorita C., que me parecia mais velha, estava ainda na fase da imaturidade espiritual, ainda buscando, com a avidez de uma alma que tinha um quê de angelical, uma verdade e um parâmetro para a vida. Orientadores eram ainda mais raros naquela época do que o são hoje. Ela estava (como hoje devo descrever) debatendo-se nos labirintos da teosofia, das doutrinas rosa-cruzes, do espiritismo; enfim, mergulhada em toda a tradição ocultista angloamericana. Nada mais alheio a suas intenções que destruir minha fé; ela não podia saber que o recinto ao qual ela trouxe a vela estava cheio de pólvora. Eu nunca tinha ouvido falar dessas coisas antes; nunca, exceto num pesadelo ou num conto de fadas, concebi espíritos outros que não Deus e os homens.

Eu adorava ler sobre estranhas visões e sobre outros mundos e modos desconhecidos de existência, mas nunca com a menor credulidade; mesmo o anão fantasma passara como um raio pela minha mente. É um grande erro supor que as crianças acreditem nas coisas que imaginam; e eu, familiarizado já havia muito com todo o mundo imaginário da Terra dos Bichos e da Índia (no qual não poderia crer, pois sabia ser um de seus criadores), tinha tão pouca probabilidade quanto qualquer criança de cometer esse erro. Mas agora, pela primeira vez, rebentava em mim a ideia de que poderiam existir prodígios de verdade em torno de nós, de que o mundo visível poderia ser somente uma cortina a ocultar reinos imensos e insondados pela minha então bastante simples teologia. E isso fez nascer em mim algo que desde então, de quando em quando, causou-me muitos problemas: simplesmente o desejo do sobrenatural, ou a paixão pelo Oculto. Nem todos têm essa doença; os que a têm me entenderão. Já tentei descrevê-la num romance. É uma luxúria espiritual e, enquanto dura, como a luxúria do corpo, tem o poder fatal de fazer tudo o mais no mundo parecer desinteressante. É provavelmente essa paixão, mais até que o desejo do poder, que cria os mágicos. Mas a consequência da conversa com a senhorita C. não ficou por aqui. Pouco a pouco, inconsciente, inocentemente, ela afrouxou toda a estrutura, arredondou todas as arestas agudas, de minha crença.

A vagueza e a natureza meramente especulativa de todo esse ocultismo começaram a se espalhar — sim, e a se espalhar *deliciosamente* — às rígidas verdades do credo. Tudo passou a ser objeto de especulação: logo eu estava (nas famosas palavras) "trocando 'eu creio' por 'pensa-se que'". E — ah! — que alívio! As noites de luar no dormitório de Belsen sumiram lá no passado. Do tirano meio-dia da revelação, passei ao frio ocaso do Pensamento Superior, onde nada havia a obedecer, nem nada a crer, salvo o que consolasse ou empolgasse.

Não quero dizer aqui que a senhorita C. foi responsável por isso; melhor é dizer que o Inimigo o fez em mim, tirando proveito das coisas que ela disse inocentemente.

Uma das razões por que o Inimigo encontrou tanta facilidade foi que, sem o saber, eu já estava desesperadamente ansioso para me livrar da religião e isso por um motivo que merece registro. Por um completo erro — e ainda creio ter sido um erro sincero — de método espiritual, eu havia transformado minha devoção pessoal num fardo quase intolerável. Aconteceu assim. Como acontece com todo o mundo, quando eu era ainda criança disseram-me que a pessoa não deve apenas recitar as orações, mas refletir sobre o que está dizendo. Portanto, quando (na escola do Velho) passei a levar a sério minha fé, tentei colocar esse preceito em prática. De início, parecia a coisa mais fácil do mundo. Mas logo a falsa consciência (a "Lei" de são Paulo, a "tagarelice" de Herbert) entrou em jogo. Logo que o pobre coitado dizia "Amém", a vozinha sussurrava: "É. Mas tem certeza de que estava realmente pensando no que dizia?". Depois, mais sutilmente: "Você estava, por exemplo, refletindo tanto quanto ontem à noite?". A resposta, por razões que então eu não compreendia, era quase sempre negativa. "Muito bem" — dizia a voz —, "então não é melhor começar tudo de novo?" E o pobre obedecia; mas, claro, sem garantia alguma de que a segunda tentativa seria melhor.

Diante dessas sugestões irritantes, minha reação foi, genericamente, a mais tola que eu poderia ter adotado. Impus-me um parâmetro. Nenhuma frase de minha oração deveria passar em revista a menos que acompanhada daquilo que denominei "clara percepção", que implicava determinada vivacidade da imaginação e dos sentimentos. Minha obrigação noturna era produzir somente pela força de vontade um fenômeno que a força de vontade jamais poderia produzir; algo tão mal definido que nunca pude apurar com absoluta confiança se havia ocorrido, e que, ainda que ocorresse de fato, era de valor espiritual muito medíocre.

Se ao menos alguém tivesse lido para mim o velho alerta de Walter Hilton, de que jamais devemos em oração nos esforçar por extorquir "por maestria" aquilo que Deus não dá! Mas ninguém o fez; e noite após noite, tonto de vontade de dormir e muitas vezes numa espécie de desespero, eu me esforçava por produzir as "claras percepções". A coisa ameaçava tornar-se um infinito regresso. Eu começava, é claro, orando por boas "percepções". Mas será que aquela oração preliminar havia ela mesma sido "claramente percebida"? Quanto a essa pergunta, acho que eu tinha bom senso suficiente para driblá-la; senão seria tão difícil começar as orações quanto o era encerrá-las.

Ah, como tudo me volta à lembrança! O frio cobertor, os sinos tocando a cada 15 minutos, a noite escorrendo, o enfado, o desânimo do cansaço. Esse era o fardo ao qual eu ansiava ardentemente, de corpo e alma, escapar. Já me havia levado a tal beco que o tormento noturno projetava sua sombra sobre todo o fim de tarde e início de noite, e eu temia a hora de dormir como se sofresse de insônia crônica. Houvesse eu trilhado mais tempo o mesmo caminho, acho que teria enlouquecido.

O ridículo fardo dos falsos deveres na oração, é claro, motivaram inconscientemente o desejo de me livrar da fé cristã. Porém, mais ou menos ao mesmo tempo, ou um pouco depois, surgiram causas conscientes de dúvida. Uma delas veio da leitura dos clássicos. Aqui, especialmente em Virgílio, o leitor se via diante de um amontoado de ideias religiosas; e todos os professores e editores assumiam como pressuposto básico o conceito de que essas ideias religiosas eram completa ilusão.

Ninguém jamais tentou mostrar em que sentido o cristianismo cumpriu o paganismo, ou como o paganismo prefigurou o cristianismo. A posição aceita parecia ser a de que as religiões eram normalmente mera miscelânea de absurdos, embora a nossa — feliz exceção — fosse perfeitamente verdadeira. As outras religiões não eram sequer explicadas, segundo o primitivo modo cristão, como obra de demônios. Nisso, possivelmente, eu podia ser levado a crer. Mas a impressão que tive foi a de que a religião em geral, embora totalmente falsa, era um desenvolvimento natural, uma espécie de absurdo endêmico no qual a humanidade tendia a tropeçar. Em meio a um milhar dessas religiões, lá estava a nossa, a milésima primeira, rotulada Verdadeira. Mas com base em quê eu poderia crer nessa exceção? Ela claramente era, em sentido mais geral, o mesmo que todas as outras. Por que então era tratada de modo tão diferente? Será, afinal, que eu a precisava continuar tratando de forma diferente? Desejava ardentemente não ter de fazê-lo.

Além disso, e igualmente trabalhando contra minha fé, havia em mim um pessimismo fundamente arraigado; um pessimismo, naquela época, muito mais do intelecto do que do temperamento. Eu não era de modo algum infeliz; mas havia formulado, e de maneira bem definida, a opinião de que o universo era, no conjunto, uma instituição um tanto lamentável. Tenho plena consciência de que alguns vão sentir repulsa, e outros rirão, ante a imagem de um menino rústico e bem alimentado, dentro de um uniforme escolar, que se põe a fazer um julgamento desfavorável do cosmo. As duas reações podem ser justificáveis, mas certamente não porque eu usava uniforme escolar. Pois eles se esquecem daquilo que é no íntimo a meninice.

Datas não são tão importantes quanto pensam as pessoas. Acho que a maioria dos que pensam alguma coisa já pensaram muito nos primeiros 14 anos. Quanto às origens de meu pessimismo, o leitor há de se lembrar de que, embora muito feliz em vários aspectos, ainda assim sofri cedo na vida um grande baque. Mas agora me inclino a achar que as sementes do pessimismo foram plantadas antes da morte de minha mãe. Por ridículo que pareça, acredito que a inabilidade de minhas mãos está na raiz do problema. Mas como? Não, certamente, que uma criança diga: "Não consigo fazer um recorte reto com uma tesoura; portanto, o universo é mau". A infância não tem tamanho poder de generalização e não é (justiça seja feita) tão boba. Nem essa minha inabilidade gerou aquilo que se denomina comumente complexo de inferioridade.

Não estou me comparando a outros meninos; meus defeitos se revelavam na solidão. O que realmente geraram em mim foi um profundo (e, claro, tácito) senso de resistência ou oposição por parte das coisas inanimadas. Mesmo isso torna o problema abstrato e adulto demais. Talvez fosse melhor dar-lhe o nome de expectativa arraigada de que tudo faria o que você não quisesse que fosse feito. Tudo o que se quisesse manter reto se dobraria; tudo o que se tentasse dobrar imediatamente voltaria à forma reta; todos os nós que se quisessem firmes se soltariam; todos os nós que se quisessem desatar permaneceriam firmes. É impossível verbalizar essas ideias sem cair no cômico, e na verdade não tenho o desejo de vê-las (hoje) senão como algo cômico. Mas talvez precisamente essas primeiras experiências — tão fugidias e, para um adulto, tão grotescas — é que tenham incutido em minha mente o preconceito primário, o senso habitual do que é ou não plausível.

Houve também outro fator predisponente. Embora filho de um homem próspero — um homem, segundo os atuais parâmetros impostos pelo fisco, quase incrivelmente tranquilo e seguro —, eu sempre ouvia e cria, até onde minha memória alcança, que a vida adulta devia ser uma luta incessante na qual o melhor que eu poderia esperar era evitar, num tremendo esforço, o albergue público. As afirmações incrivelmente vívidas de meu pai sobre tais assuntos se arraigaram fundo em minha mente. Jamais pensei em verificá-las, pelo simples fato de que a maioria dos adultos que eu realmente conhecia parecia levar uma vida muito confortável.

Lembro-me de resumir aquilo que aceitava como nosso destino em conversas com meu melhor amigo em Chartres: "Aulas, feriados, aulas, férias, até terminarmos os estudos; depois trabalho, trabalho, trabalho, até morrermos". Mesmo que me visse livre dessa ilusão, acho que ainda assim teria enxergado motivos para o pessimismo. As concepções que se têm, mesmo naquela idade, não são totalmente determinadas pela situação momentânea. Até um menino pode perceber que existe um deserto em torno dele, embora, no momento, ele esteja em um oásis.

Eu era, a meu modo incompetente, uma criatura terna; talvez os sentimentos mais assassinos que jamais acalentei tenham sido contra um professor de Chartres que me proibiu de dar esmola a um mendigo em frente ao portão da escola. Acrescente-se a isso que minhas primeiras leituras — não só Wells, mas *sir* Robert Ball — alojaram bem firmemente na minha imaginação a vastidão e a frieza do espaço, a pequenez do Homem. Não é de estranhar que eu visse o universo como um lugar ameaçador e hostil. Vários anos antes de ler Lucrécio, eu sentia a força de seu argumento (seguramente, o mais forte de todos) a favor do ateísmo:

Ampliação de meus horizontes

Nequaquam nobis divinitus esse paratam
Naturam rerum; tanta stat praedita culpa
Houvesse Deus planejado o mundo, não seria ele
Um mundo tão frágil e falho como o nosso.

O leitor talvez pergunte agora como combinei esse pensamento objetivamente ateísta, esse grande "Argumento do Não Planejamento", com minhas fantasias ocultistas. Não acho que eu tenha identificado nenhum elo lógico entre eles. Faziam-me oscilar entre humores distintos e só tinham uma coisa em comum: ambos se erguiam contra o cristianismo. E assim, pouco a pouco, com flutuações que não posso hoje precisar, tornei-me apóstata, abandonando minha fé sem nenhum senso de perda, mas com o maior alívio.

Minha permanência em Chartres durou da primavera de 1911 até o final das aulas de verão de 1913, e, como já disse, não posso dar uma cronologia precisa da minha lenta apostasia entre essas datas. Em outros aspectos, esse período se divide em dois; a meio caminho, um professor muito querido e a ainda mais querida inspetora saíram da escola ao mesmo tempo. Desse ponto em diante, houve um agudo declínio; não, de fato, em felicidade visível, mas em termos do incontestável bem. A querida senhorita C. fora para mim a propiciadora de muita coisa boa, e também de muita coisa ruim. Uma coisa é certa: ao despertar meu afeto, ela fizera algo para derrotar a inibição antissentimental que as experiências da infância me incutiram.

Também não posso negar que, em todo o "Pensamento Superior" dela — por mais desastroso que tenha sido seu efeito sobre mim —, havia elementos de verdadeira e desinteressada espiritualidade, que me foram benéficos. Infelizmente, uma vez privado da presença dela, os efeitos benéficos

Surpreendido pela alegria

minguaram e só restaram os maléficos. A mudança de professores teve consequências ainda piores. "Sirrah", como o chamávamos, exercera uma influência admirável. Ele era aquilo que hoje eu descreveria como sábio doidivanas: um homem barulhento, amável, com jeito de menino ainda e plenamente capaz de manter sua autoridade, ao mesmo tempo misturando-se conosco quase como um de nós — um homem desleixado e jovial, sem o menor traço de afetação. Ele passava (algo de que eu muito precisava) um senso do gosto com que a vida deve, sempre que possível, ser levada. Acho que foi numa corrida ao lado dele sob granizo que descobri como o tempo ruim deve ser tratado — como uma piada grosseira, uma travessura.

No lugar dele entrou um jovem cavalheiro recém-saído da universidade, que podemos chamar de Pogo. Pogo era uma versão piorada de um herói de Saki, quem sabe até de Wodehouse. Pogo era espirituoso, Pogo era um homem bem-vestido, Pogo era um homem urbano, Pogo era até companheiro. Depois de uma semana de hesitação (pois seu temperamento era incerto) caímos aos pés dele e o adoramos. Ali estava a sofisticação, inteiramente polida, e (quem ousaria crer?) pronto a fazer-nos também sofisticados.

Criamos — ou pelo menos eu — gosto pelo bem vestir. Era a época do "casquilho": de gravatas "espalhadas" e crivadas de alfinetes, de paletós de corte bem curto e calças "pega-frango" para exibir meias incríveis, além de borzeguins com laços imensamente grandes. Um pouco de tudo isso já havia chegado até mim do colégio, pelo meu irmão, que então já estava ficando suficientemente veterano para aspirar à casquilhice. Pogo completou esse processo.

Difícil imaginar ambição mais patética para um rústico menino de 14 anos, alto demais para sua idade e com mesada de um xelim por semana. Em meu caso, a coisa ainda mais se agravava, pois sou daqueles em quem a Natureza lançou a maldição de que, seja o que for que comprem ou vistam, sempre parecerão como se tivessem saído de uma loja de roupas velhas. Nem mesmo hoje consigo lembrar-me sem constrangimento da preocupação que tinha então de passar as calças e de (hábito imundo) emplastar o cabelo com óleo. Novo elemento entrara em minha vida: a vulgaridade. Até então eu havia cometido praticamente todo pecado e disparate a meu alcance, mas ainda não fora vaidoso.

Essas futilidades de rapazola representavam, porém, só uma pequena parte de nossa nova sofisticação. Pogo era uma grande autoridade em teatro. Logo conhecíamos todas as canções mais recentes. Logo sabíamos tudo sobre as atrizes famosas da época: Lily Elsie, Gertie Millar, Zena Dare. Pogo era um poço de informações sobre a vida privada delas. Aprendíamos com ele todas as piadas mais novas; quando não entendíamos, ele se dispunha a nos ajudar. Explicava-nos muitas coisas. Depois de um trimestre na companhia de Pogo, tínhamos a impressão de estar não doze semanas, mas doze anos mais velhos.

Como seria gratificante, e quão edificante também, se eu pudesse identificar em Pogo a origem de todos os meus desvios da virtude e acabar deduzindo a seguinte moral: quanto mal um jovem falante não pode fazer a meninos inocentes! Infelizmente, isso seria falso. É bem verdade que naquela época sofri um assalto violento e totalmente fracassado de tentações sexuais. Mas isso se explica em grande parte pela idade que eu então atingira e pelo descarte recente, e de certo modo deliberado, da proteção divina. Não creio que Pogo tenha nada a ver com isso. Os fatos sobre a reprodução eu já aprendera havia muito, com outro menino, quando

Surpreendido pela alegria

era ainda novo demais para sentir mais do que um interesse científico.

O que me atacou, via Pogo, não foi a Carne (isso eu já tinha), mas o Mundo: o desejo pelo brilho, a bazófia, a distinção; o desejo pelo conhecimento. Ele pouco ajudou, se é que o fez, na destruição de minha castidade, mas arrasou determinadas qualidades humildes, infantis e generosas que (acho eu) ainda me restavam até aquele momento. Comecei a me esforçar bastante por me tornar um janota, um cafajeste e um esnobe.

As ideias de Pogo, por mais que ajudassem a vulgarizar minha mente, não causaram um efeito tão eletrizante sobre meus sentidos quanto a professora de dança, ou quanto as *Charicles* de Bekker, que ganhei como prêmio. Jamais achei aquela professora de dança tão linda quanto minha prima G., mas foi ela a primeira mulher para a qual "olhei com intenção impura"; seguramente não por culpa dela. Um gesto, um tom de voz, pode nesse terreno provocar consequências imprevisíveis. Foi na última noite das aulas de inverno, quando a sala era decorada para um baile: ela parou, ergueu uma bandeirola e, com a observação "Adoro o cheiro dessas bandeirolas", apertou-a contra o rosto. Foi minha ruína.

Você não deve supor que se tratasse de uma paixão romântica. A paixão de minha vida, como o próximo capítulo deixará claro, ficava num campo totalmente diferente. O que senti pela professora de dança foi pleno desejo sexual; a prosa da Carne, e não a poesia. Não me sentia absolutamente como um cavaleiro devotando-se a uma dama; era muito mais como um turco olhando uma circassiana que ele não podia comprar. Eu sabia muito bem o que queria. É comum, a propósito, supor que tal experiência gere sentimento de culpa, mas não foi esse o efeito sobre mim. E posso também dizer aqui que o sentimento de culpa, salvo quando uma ofensa moral também calhava quebrar o código de honra ou provocar consequências que me despertassem pena, era algo que na época eu mal conhecia. Demorei tanto para adquirir inibições quanto outros (dizem eles) demoraram para se livrar delas. É por isso que muitas vezes me surpreendo em tamanhas contradições com o mundo moderno: sou um pagão convertido vivendo em meio a puritanos apóstatas.

Não quero que o leitor submeta Pogo a um julgamento muito cruel. Como hoje percebo, ele não era velho demais para assumir a responsabilidade dos meninos, mas, sim, jovem demais. Ele mesmo era ainda um adolescente, porém imaturo o suficiente para ser deslumbradamente "adulto" e ingênuo o suficiente para desfrutar de nossa ainda maior ingenuidade. Eu sentia nele uma genuína cordialidade. E era em parte isso que o motivava a nos dizer tudo o que sabia, ou pensava que sabia. E agora, como Heródoto diria, "Adeus a Pogo".

Entretanto, lado a lado com a perda da fé, da virtude e da simplicidade, algo bem diferente acontecia. E exige novo capítulo.

CAPÍTULO 5

Renascença

Assim existe em nós um mundo de amor por algo, embora não tenhamos a menor ideia do que seja.

— Traherne

Não acredito muito na Renascença como os historiadores geralmente a descrevem. Quanto mais analiso as provas, menos vestígios encontro do êxtase primaveril que se supõe ter varrido a Europa no século 15. Chego a suspeitar que o brilho nas páginas dos historiadores tenha origem diferente, que cada um esteja lembrando, e projetando, sua própria Renascença pessoal; aquele maravilhoso redespertar que surge à maioria de nós quando se completa a puberdade. Chama-se apropriadamente renascimento, e não nascimento, redespertar, e não despertar, pois em muitos de nós, além de ser coisa nova, é também a recuperação de coisas que tivemos na infância e perdemos quando nos tornamos garotos. Pois a adolescência é muito semelhante à "Idade das Trevas"; e não como foi de fato, mas como é representada em relatos históricos curtos e ruins.

Renascença

Os sonhos da infância e da adolescência talvez tenham muito em comum. Entre eles, muitas vezes, a meninice se estende como território estranho, no qual tudo (até nós mesmos) é ganancioso, cruel, ruidoso e prosaico, no qual a imaginação dorme e as sensações e ambições mais vulgares ficam incansavelmente, até maniacamente, despertas.

Em minha vida, certamente as coisas se desenrolaram assim. Minha infância identifica-se com o resto de minha vida; a meninice, nem tanto. Muitos dos livros que me agradaram na infância ainda me agradam hoje; mas nada além da necessidade me faz reler a maior parte dos livros que li na escola do Velho ou em Campbell. Desse ângulo, esse período é um completo deserto arenoso. A autêntica "Alegria" (na forma que tentei descrever em um capítulo anterior) sumira de minha vida, e tão completamente que não sobreviveu nem mesmo a lembrança do desejo dela. A leitura de *Sohrab* não a trouxe de volta. A Alegria se distingue não só do prazer em geral, mas até do prazer estético. Precisa ter o aguilhão, a pontada, o anseio inconsolável.

Esse longo inverno dissipou-se num único instante, mais ou menos no início do período que passei em Chartres. A primavera é a imagem inevitável, mas o processo não foi gradual como as primaveras da Natureza. Foi como se o próprio Ártico — todas as fundas camadas de gelo secular — se transformasse em uma paisagem de relva, e lírios, e pomares em flor, tomada pelo canto dos pássaros e empolgada pelas torrentes. Posso como que tocar esse momento; não me lembro de nenhum outro fato que eu conheça tão bem, embora não possa datá-lo. Alguém deve ter deixado na sala de aula um periódico literário — *The Bookman*, talvez, ou o *Times Literary Supplement*. Meus olhos caíram sobre um título e uma ilustração, distraidamente, nada esperando.

Surpreendido pela alegria

Um momento mais tarde, como diz o poeta: "O céu estava mudado".

O que li foram as palavras *Siegfried e o crepúsculo dos deuses*. O que vi foi uma das ilustrações que Arthur Rackham fez para esse volume. Jamais ouvira falar de Wagner, nem de Siegfried. Pensei que o crepúsculo dos deuses significava o crepúsculo em que os deuses viviam. Como é que eu soube, imediata e indubitavelmente, que não se tratava de um crepúsculo celta, silvático ou terrestre? Pois foi assim. A pura "Borealidade" me engolfou: a visão de espaços imensos, claros, cobrindo o Atlântico no crepúsculo interminável do verão boreal; o afastamento, o rigor... e quase na mesma hora eu soube que já tinha visto isso antes, havia muito, muito tempo (hoje o hiato quase nem parece mais longo que na época), em *Tegner's Drapa* [A *drapa* de Tegner], e que Siegfried (fosse o que fosse) pertencia ao mesmo mundo de Balder e os grous que singravam os ares rumo ao Sol.

Nesse salto de volta a meu passado, despertou-se imediatamente, quase como dor profunda, a lembrança da própria Alegria, a consciência de que eu vivia já havia anos na ausência daquilo que tivera um dia, de que estava voltando finalmente do exílio e das terras desérticas a meu país. E a distância do crepúsculo dos deuses e a distância de minha Alegria passada, ambas inatingíveis, fluíam juntas numa sensação única e insuportável de desejo e perda, que, de súbito, tornou-se uma só com a perda da percepção como um todo, o que, enquanto eu olhava em torno daquela poeirenta sala de aula como homem que se recobrasse da inconsciência, já havia sumido — havia se esquivado de mim no momento mesmo em que eu acabava de dizer: "É...". E imediatamente eu soube (com fatal consciência) que "tê-la outra vez" era o supremo e único objeto importante do desejo.

Depois disso, tudo passou a me favorecer. Um dos muitos presentes de meu pai a nós dois fora um gramofone. Assim, no momento em que meus olhos caíram nas palavras *Siegfried e o crepúsculo dos deuses,* os catálogos gramofônicos já eram uma de minhas formas prediletas de leitura. Mas eu jamais havia nem remotamente sonhado que os discos da Ópera Dramática, com seus esquisitos nomes alemães ou italianos, poderiam ter algo a ver comigo. E continuei pensando que não, por uma ou duas semanas. Mas então fui assaltado por outro flanco. Uma revista chamada *The Soundbox* estava fazendo sinopses de grandes óperas semanalmente, e aquela edição trazia toda o *Anel*.[1] Li tudo num êxtase e descobri quem era Siegfried e o que significava o "crepúsculo" dos deuses. Já não conseguia me conter — comecei a escrever um poema, um poema heroico sobre a versão wagneriana da história dos nibelungos. Minha única fonte eram os resumos de *The Soundbox*, e eu era tão ignorante que fiz Alberich rimar com *ditch* e Mime, com *time*.[2] Meu modelo foi a *Odisseia*, de Pope, e o poema começava (com alguma mistura de mitologias) assim:

> Desçam à terra, desçam, ó Musas celestiais
> E cantem as antigas lendas do rio Reno...

Como o quarto livro me levara somente até a última cena de *O ouro do Reno*, o leitor não ficará surpreso ao ouvir que o poema jamais foi concluído. Mas não foi perda de tempo,

---

[1] A tetralogia *Der Ring des Nibelungen* [O anel dos Nibelungos], drama musical de Wagner. [N. T.]
[2] Alberich e Mime são dois irmãos anões, personagens da lenda dos nibelungos. [N. T.]

e ainda hoje percebo quanto o exercício me foi benéfico e quando começou a sê-lo. Depois de tanto tempo, posso talvez afirmar sem vanglória que os primeiros três livros não são nada maus vindos de um menino. No início do inconcluso quarto livro, tudo vai por água abaixo; e é exatamente nesse ponto que realmente começo a tentar fazer poesia. Até então, se os versos rimavam, tinham métrica correta e seguiam a história, eu me dava por satisfeito. Ora, no início do quarto livro, passei a tentar transmitir algo da intensa empolgação que eu estava sentindo, a procurar expressões que não apenas afirmassem, mas sugerissem. É claro que fracassei, perdi minha prosaica clareza, gaguejei, hesitei e logo me calei; mas aprendi o que significa escrever.

Durante todo esse tempo, eu ainda não ouvira uma nota sequer da música de Wagner, embora o próprio formato das letras impressas de seu nome se tinham tornado para mim um símbolo mágico. No feriado seguinte, na loja escura e lotada de T. Edens Osborne (que Deus o tenha), ouvi pela primeira vez um disco da *Cavalgada das Valquírias*. Hoje costumam rir dela, e, de fato, arrancada do contexto para compor uma peça de concerto, pode ser algo medíocre. Mas uma coisa eu tinha em comum com Wagner: não estava pensando em peças de concerto, mas em drama épico.

Para um menino já alucinado com a "Borealidade", cuja experiência musical mais elevada fora Sullivan,[3] a *Ride* descia como um raio. Desse momento em diante, as gravações wagnerianas (principalmente a do *Anel*, mas também de *Lohengrin* e de *Parsifal*) tornaram-se o principal

---

[3]Arthur Seymour Sullivan (1842-1900), compositor inglês de operetas. [N. T.]

investimento de minha mesada e os presentes que, invariavelmente, eu pedia. A apreciação que eu tinha da música em geral não se alterou muito, de início. "Música" era uma coisa; "música wagneriana" era outra bem diferente, e não havia meio de comparação entre as duas. Não era um novo prazer, mas um novo tipo de prazer, se é que "prazer" é o termo correto, em vez de perturbação, êxtase, espanto, "um conflito de sensações que não tem nome".

Naquele verão, nossa prima H. (espero que o leitor se lembre da filha mais velha do primo Quartus, a Juno morena, a rainha do Olimpo), que já estava então casada, convidou-nos para passar com ela algumas semanas nas cercanias de Dublin, em Dundrum. Lá, na mesa de sua sala de estar, achei o mesmo livro que dera início a todo esse drama e que eu jamais ousara pensar que fosse ver um dia: *Siegfried e o crepúsculo dos deuses*, ilustrado por Arthur Rackham. Suas ilustrações, que me pareciam então a própria música em forma visível, mergulhou-me umas braças a mais em meu deleite. Raras vezes cobicei alguma coisa como cobicei aquele livro; e, quando ouvi que havia uma edição mais barata por quinze xelins (embora a soma fosse para mim quase mitológica), eu soube que jamais poderia descansar enquanto um exemplar não fosse meu.

Acabei comprando o volume, em larga medida porque meu irmão dividiu o valor comigo — por pura bondade, aliás, como hoje percebo e já na época seriamente suspeitava, pois ele não fora escravizado pela Borealidade. Com uma generosidade que me fez sentir um tanto envergonhado, ele acabou enterrando, naquilo que para ele não passava de mero livro de ilustrações, sete xelins e seis pence — quantia para a qual ele conhecia uma dúzia de usos mais interessantes.

Embora esse assunto já possa parecer a alguns leitores indigno do espaço que lhe dediquei, não posso de modo algum continuar minha história sem anotar algumas consequências dele para o resto de minha vida.

Em primeiro lugar, o leitor compreenderá tudo equivocadamente a menos que perceba que, na época, Asgard e as Valquírias[4] pareciam-me incomparavelmente mais importantes que qualquer outra coisa em minha experiência — do que a inspetora C., a professora de dança ou minhas chances de obter uma bolsa de estudos. E o que é mais chocante ainda: pareciam muito mais importantes do que as dúvidas cada vez mais perturbadoras que eu tinha sobre o cristianismo. Isso pode ter sido — e foi em parte, sem dúvida — extrema cegueira; mas esse fator talvez não explique tudo.

Se a Borealidade parecia então maior que minha religião, isso talvez se tenha dado em virtude de minha atitude em relação aos elementos que aquela abarcava, e que minha religião deveria abarcar também e não o fazia. Não era ela mesma uma nova religião, pois não trazia nem vestígio de crença, nem impunha deveres. No entanto, a não ser que eu esteja redondamente enganado, havia nela algo bem próximo da adoração, algum tipo de entrega bastante desinteressada a um objeto que seguramente o reclamava por ser simplesmente o objeto que era.

Aprendíamos no Livro de Orações a "dar graças a Deus por sua imensa glória", como se lhe devêssemos agradecimentos mais por ele ser aquilo que necessariamente é do que por algum benefício especial que nos tenha concedido; assim

---

[4] Asgard é a morada dos deuses na mitologia escandinava; as Valquírias, também personagens do Anel, são mensageiras de Odin. [N. T.]

realmente fazemos, e conhecer a Deus é também conhecer isso. Mas eu andava longe de qualquer experiência desse tipo. Cheguei muito mais perto de senti-lo pelos deuses nórdicos, nos quais eu não cria, do que pelo Deus verdadeiro, enquanto ainda acreditava no Senhor.

Às vezes chego quase a pensar que fui enviado de volta aos falsos deuses para adquirir alguma capacidade de adorar, à espera do dia em que o verdadeiro Deus me chamaria de novo para perto dele. Não que eu não pudesse tê-lo aprendido antes e com maior segurança, de maneiras que nunca saberei, sem a apostasia, mas, sim, que os castigos divinos são todos misericórdia, e um bem especial advém de um mal especial. A extrema cegueira provou-se curativa.

Em segundo lugar, essa Renascença da imaginação quase imediatamente gerou nova apreciação da natureza exterior. De início, creio eu, isso apenas parasitava as experiências literária e musical. Naquele feriado em Dundrum, passeando de bicicleta pelos montes Wicklow, eu seguia sempre procurando involuntariamente cenas que pudessem pertencer ao mundo wagneriano — ali uma encosta íngreme coberta de abetos, onde Mime podia encontrar Sieglinde; acolá uma clareira ensolarada onde Siegfried podia ouvir o passarinho; ou adiante um árido vale de pedras onde o corpo flexível e escamoso de Fafner podia emergir de sua caverna.[5]

Mas logo (não posso dizer quanto tempo depois) a natureza deixou de ser um mero lembrete dos livros e tornou-se ela mesma agente da verdadeira alegria. Não digo que tenha

---

[5]Mime (anão ferreiro e irmão de Alberich), Sieglinde (mãe de Siegfried), Siegfried (o herói dos povos germânicos) e Fafner (o dragão) são personagens de O Anel dos Nibelungos, de Wagner, e da epopeia medieval dos nibelungos. [N. T.]

deixado de ser um lembrete. Toda a Alegria lembra algo. Nunca é uma posse, sempre é um desejo por algo remoto no tempo ou no espaço, ou ainda "prestes a vir a ser". Mas a Natureza e os livros agora tornaram-se lembretes equivalentes, lembretes conjuntos, de... ora, daquilo que é, seja o nome que tiver. Foi o mais perto que cheguei daquilo que alguns considerariam o único amor genuíno pela natureza, o amor estudioso que faz do homem um botânico ou um ornitólogo. Era o espírito de uma cena que me importava; e, ao provar esse espírito, minha pele e meu nariz tanto se entretinham quanto meus olhos.

Em terceiro lugar, passei de Wagner para tudo o mais que conseguisse sobre a mitologia nórdica: *Myths of the Norsemen* [Mitos dos nórdicos], *Myths and legends of the Teutonic race* [Mitos e lendas da raça teutônica], *Northern antiquities* [Antiguidades do norte], de Mallet. Tornei-me especialista. Desses livros, repetidamente, eu recebia a punhalada da Alegria. Eu ainda não notara que isso se ia tornando, gradualmente, cada vez mais raro. Ainda não refletira sobre a diferença entre essa sensação e a satisfação meramente intelectual de conhecer o universo do Eda.[6] Se eu encontrasse naquela época alguém que me ensinasse nórdico antigo, acho que me esforçaria bastante por aprender.

Finalmente, a mudança por que passei introduz uma nova dificuldade na escrita deste livro. Desde aquele primeiro momento na sala de aula em Chartres, minha secreta vida imaginativa passou a ser tão importante e tão distinta de minha vida exterior que quase tenho de contar duas histórias separadas. As duas vidas não parecem influenciar de modo

---

[6]Coleção de poemas medievais islandeses sobre lendas nórdicas. [N. T.]

algum uma à outra. Quando há desertos famélicos, sedentos de Alegria, numa delas, a outra pode exibir uma cena plena de animado alvoroço e êxitos; ou, então, quando a vida exterior é infeliz, a outra pode revelar abundante êxtase. Por vida imaginativa quero dizer aqui somente minha vida ligada à Alegria — incluindo na vida exterior boa parte daquilo que normalmente se chamaria imaginação, como, por exemplo, muito da leitura e todas as minhas fantasias eróticas e ambiciosas; pois essas se bastam a si mesmas. Até a Terra dos Bichos e a Índia pertencem ao "Exterior".

Mas essas já não eram a Terra dos Bichos e a Índia. Em algum momento do final do século 18 (o século 18 delas, e não o nosso), as duas se uniram no estado unificado de Boxen, que gera, estranhamente, o adjetivo boxoniano, e não boxeniano, como seria de esperar. Numa sábia decisão, cada um dos reinos conservou seu rei, mas os dois tinham uma assembleia legislativa comum, a Damerfesk.

O sistema eleitoral era democrático, mas isso importava infinitamente menos do que na Inglaterra, pois a Damerfesk jamais se viu confinada a um local fixo de reunião. Os dois soberanos poderiam convocá-la onde desejassem — por exemplo, na minúscula vila de pescadores chamada Danphabel (a Clovelly da região norte da Terra dos Bichos, aninhada no sopé das montanhas), ou na ilha de Piscia. E, como a Corte conhecia a escolha dos soberanos antes de qualquer um, todas as acomodações seriam reservadas antes que um parlamentar ouvisse rumores sobre o assunto; e este, se alcançasse a sessão, não tinha a menor garantia de que a assembleia não seria mudada para outro lugar logo que ele chegasse.

Assim ouvimos falar de determinado parlamentar que jamais conseguiu de fato participar da Damerfesk, exceto numa feliz ocasião em que ela se reuniu em sua cidade. Os registros às vezes chamam de Parlamento a assembleia, mas trata-se de uma imprecisão. Pois havia uma única câmara, e os reis a presidiam. No período que conheço melhor, o controle efetivo, porém, não estava nas mãos dos reis, mas, sim, nas de um funcionário importantíssimo conhecido como Littlemaster ("pequeno mestre") — deve-se pronunciar o termo como uma só palavra, com o acento na primeira sílaba.

O Littlemaster era um primeiro-ministro, um juiz, e, se nem sempre comandante-chefe (os registros hesitam nesse tocante), sem dúvida sempre membro do Comando do General. Pelo menos eram esses os poderes que ele manipulava quando visitei Boxen pela última vez. Talvez tais poderes tenham sido usurpados, pois o posto era ocupado naquela época por um homem — ou, mais precisamente, um Sapo — de forte personalidade. O lorde Big encampou outra vantagem um tanto injusta; fora tutor dos dois jovens reis e continuava a exercer sobre eles uma autoridade quase paternal. Seus esforços espasmódicos de romper o jugo foram, infelizmente, mais dirigidos à fuga dos inquirimentos do lorde Big, preferindo os reis o refúgio de seus prazeres privados a qualquer medida política de peso. Por consequência, o verdadeiro soberano, de tamanho imenso, voz retumbante, cavalheiresco (fora herói de incontáveis duelos), tempestuoso, eloquente e impulsivo, era praticamente o Estado.

O leitor há de adivinhar certa semelhança entre a vida dos dois reis sob o jugo do lorde Big, de um lado, e nossa vida sob nosso pai, de outro. E estará certo ao fazê-lo. Mas Big não era, originariamente, apenas nosso pai — primeiro batraquizado e depois caricaturado em alguns aspectos e glorificado em outros. Era, de certo modo, um retrato profético de *sir* Winston Churchill, como esse veio a se revelar na última guerra. Aliás, vi fotografias desse grande estadista nas quais, para qualquer um que chegou a conhecer Boxen, o elemento batráquico é inconfundível. E não foi essa nossa única previsão para o mundo de verdade. O oponente mais constante de lorde Big, moscardo que sempre entrava na armadura dele, era certo urso-escuro mirrado, um tenente da Marinha. E, acredite ou não o leitor, o tenente James Bar era quase exatamente como o sr. John Betjeman, que na época eu não poderia ter conhecido. Desde quando fiz tal associação, não mais deixei de opor lorde Big a seu James Bar.

O interessante quanto à semelhança entre lorde Big e meu pai é que tais reflexões do mundo real não foram a semente da qual Boxen se originou. As semelhanças foram se tornando mais numerosas à medida que o reino se aproximava do fim — sinal de excessiva maturidade ou mesmo do início da decadência. Voltando um pouco no tempo, já não se encontram tais similaridades. Os dois soberanos que se deixavam dominar pelo lorde Big eram o rei Benjamin VIII da Terra dos Bichos e o rajá Hawki (VI, eu acho) da Índia. Os dois tinham muito em comum comigo mesmo e com meu irmão. Mas não seus pais, o velho Benjamin e o velho Hawki.

Hawki V é uma figura obscura; mas Benjamin VII (um coelho, como o leitor já poderá ter adivinhado) é uma personagem redonda. Ainda posso vê-lo hoje — o coelho de bochechas mais pesadas e de constituição mais parruda, bastante gordo em seus últimos anos, vestido de modo extremamente roto e distante da realeza, com seu largo paletó marrom e as folgadas calças xadrez, mas sem dispensar uma certa dignidade que poderia, ocasionalmente, assumir formas desconcertantes. Sua vida pregressa fora dominada pela crença de que poderia ser ao mesmo tempo rei e detetive amador. Jamais se saiu bem neste último papel, em parte porque o principal inimigo que ele perseguia (o sr. Baddlesmere) não era de modo algum criminoso, mas lunático — um complicador que atrapalharia os planos do próprio Sherlock Holmes. Mas ele era muito frequentemente sequestrado, às vezes por períodos até longos, e provocava grande preocupação na Corte (não sabemos se seu colega, Hawki V, partilhava desse sentimento).

Certa vez, ao voltar de tal infortúnio, teve grande dificuldade em afirmar sua identidade; Baddlesmere o havia pintado e a familiar figura marrom reapareceu como um coelho malhado. Por fim (o que os meninos não inventam?), foi um pioneiro bastante remoto na área que se passou a chamar inseminação artificial. O julgamento da história não pode proclamá-lo nem bom coelho nem bom rei, mas ao menos não foi uma nulidade. Comia prodigiosamente.

E, agora que abri os portões, todos os boxonianos, como os fantasmas de Homero, vêm clamando menção. Mas isso lhes seja negado. Os leitores que construíram um mundo só seu certamente prefeririam contar as próprias histórias a ouvir as minhas; aqueles que não o fizeram, talvez sentissem perplexidade e repulsa. Além disso, Boxen não tem ligação alguma com a Alegria. Só o mencionei aqui porque omiti-lo seria dar um panorama distorcido desse período de minha vida.

Um alerta deve ser repetido aqui. Claro, venho descrevendo uma vida em que a imaginação, de uma espécie ou de outra, desempenhou o papel principal. Lembre-se de que ela jamais implicou a menor partícula de crença; nunca tomei imaginação por realidade. Quando à Borealidade, esse tipo de pergunta não procede: era essencialmente um desejo e implicava a ausência de seu objeto. E em Boxen jamais pudemos crer, pois nós mesmos o criamos. Nenhum romancista (nesse sentido) acredita nas próprias personagens.

Ao final das aulas de verão de 1913, ganhei uma bolsa de estudos clássicos no Wyvern College.

CAPÍTULO 6

Os veteranos

*Seja o que for, pelo amor de Deus,
Me livre de seus sussurros.*

— Webster

Agora que Chartres já encerrou sua participação, podemos chamar o Wyvern College simplesmente de Wyvern, ou, mais simplesmente ainda, como os próprios wyvernianos o chamavam, de Coll. Ir para o Coll foi o que de mais empolgante até então me acontecera na vida exterior. Em Chartres, vivíamos à sombra do Coll. Não raro, éramos levados até lá para assistir a jogos ou competições esportivas, ou à chegada da grande Corrida de Goldbury.[1] Essas visitas nos viravam a cabeça. A multidão de meninos mais velhos que você, seu ofuscante ar de sofisticação, os fragmentos que pescávamos de sua conversa esotérica, eram como a Park Lane na velha "Temporada Social" para uma menina que seria debutante

---

[1] Corrida rústica, uma das mais antigas e tradicionais da Inglaterra. O nome verdadeiro é Ledbury, trocado intencionalmente pelo autor. [N. T.]

no ano seguinte.² Acima de tudo, os veteranos, os adorados atletas e monitores, eram a personificação de toda a pompa, o poder e a glória mundanos. Diante deles, Pogo se reduzia à insignificância; o que é um professor comparado a um veterano? Toda a escola era um grande templo para a adoração desses deuses mortais; e nenhum menino entrou ali mais preparado para adorá-los que eu.

Se o leitor jamais esteve numa escola como Wyvern, pode perguntar o que é um *veterano*. É um membro da aristocracia da escola. Leitores estrangeiros precisam entender claramente que essa aristocracia nada tem a ver com a posição social dos meninos no mundo externo. Meninos de família importante ou rica não têm maior probabilidade de entrar nessa classe do que quaisquer outros; o único nobre da minha Casa em Wyvern jamais tornou-se veterano. Pouco antes de minha época ali, o filho de um excêntrico coletor de impostos estivera ao menos nas raias de se tornar veterano. O pré-requisito para a admissão na classe é que o aluno deva já estar na escola há um tempo considerável. Só isso não lhe garante a admissão, mas os alunos novos são automaticamente excluídos.

A qualidade mais importante é a bravura atlética. Aliás, se esse quesito alcança brilhantismo suficiente, isso já faz de você automaticamente um veterano. Caso seja um pouco menos brilhante, então boa aparência e personalidade marcante podem ajudar. O mesmo vale, claro, para a elegância, na forma que ela é entendida em sua escola. Um candidato inteligente ao Veteranismo usa as roupas certas, fala a gíria

---

²Park Lane é importante rua da região central de Londres, famosa pela concentração de endereços aristocratas. [N. T.]

certa, admira as coisas certas, ri das piadas certas. E, logicamente, como no mundo externo, os que cercam a classe privilegiada podem tentar (e de fato o fazem) insinuar-se por todas as artes habituais da adulação.

Em algumas escolas, segundo me disseram, existe uma espécie de diarquia. Uma aristocracia dos veteranos, apoiada ou pelo menos tolerada pelo sentimento popular, vê-se diante de uma classe governante oficial de monitores nomeados pelos mestres. Acredito que costumam escolher os componentes dessa casta dentre os alunos das turmas mais adiantadas, de forma que ela possa arrogar-se status de nata da inteligência. Isso não acontecia no Coll. Os alunos nomeados monitores eram quase todos veteranos, e não precisavam estar numa classe específica.

Teoricamente (embora eu não acredite que isso jamais aconteceria), o aluno mais atrasado da turma mais básica poderia se tornar capitão — o Líder, em nossa gíria — do Coll. Assim, tínhamos somente uma classe governante, na qual se concentrava toda espécie de poder, privilégio e prestígio. Os heróis que, de qualquer modo, atrairiam a adoração dos alunos mais novos e aqueles cuja astúcia e ambição em qualquer regime lhes permitira subir eram os mesmos que o poder oficial dos professores apoiava. Sua posição era enfatizada por liberdades, roupas, prioridades e honrarias especiais, que afetavam todo aspecto da vida escolar. Isso, como o leitor há de conferir adiante, gera uma classe bastante forte. Mas ela era fortalecida ainda mais por um fator que distingue a escola da vida comum.

Num país governado por uma oligarquia, enormes números de pessoas, e entre eles alguns espíritos bastante agitadores, sabem que não podem jamais esperar entrar nessa oligarquia; uma tentativa de revolução pode então valer o esforço. No Coll, a classe social mais baixa era jovem demais e, portanto, fraca demais para sequer sonhar com uma revolta.

Na classe média — meninos que já não eram calouros, mas tampouco veteranos —, aqueles que sozinhos tinham força física e popularidade suficientes para qualificar-se como líderes de uma revolução já começavam a cobiçar eles mesmos o Veteranismo. Era-lhes mais vantajoso acelerar seu progresso social cortejando os veteranos de então do que aventurar-se numa revolta que, num caso improvável de êxito, destruiria o próprio galardão que eles ansiavam partilhar. E se por fim perdessem a esperança de jamais fazê-lo um dia —, ora, então seus dias na escola já estariam quase no fim. Portanto, a constituição wyverniana era inabalável. Os alunos muitas vezes se insurgiam contra os mestres; mas duvido que tenha havido, ou mesmo que venha a acontecer, uma revolta contra os veteranos.

Por isso não é surpreendente observar que entrei no Coll preparado para adorar. Acaso pode uma aristocracia revelar--nos o Mundo numa forma tão fascinante como a hierarquia de um internato inglês? Todo motivo para a reverência é estimulado imediatamente na mente do Novo Aluno quando ele vê um veterano: o respeito natural do menino de 13 anos pelo rapaz de 19, o sentimento de um fã pelo astro do cinema, o sentimento da mulher provinciana pela duquesa, o espanto do novato diante da presença do Experiente, o pavor do moleque de rua diante da polícia.

As primeiras horas de um aluno num internato inglês são inesquecíveis. Nossa Casa era um edifício de pedra alto e estreito (e, a propósito, o único prédio da escola que não era um pesadelo arquitetônico), lembrando um navio. O convés onde passávamos a maior parte do tempo consistia em dois corredores de pedra bem escuros, perpendiculares um ao outro. As portas externas deles abriam-se às salas de estudo — recintos acanhados e quadrados, de cerca de 1,80 metro de lado, cada um partilhado por dois ou três alunos. A própria visão dessas salas era arrebatadora para um menino de escola preparatória que jamais tivera um canto seu.

Como estávamos ainda vivendo (culturalmente) no período eduardiano, cada sala de estudo imitava o mais perfeitamente possível a aparência atravancada de uma sala de estar eduardiana. O objetivo era encher o máximo possível a minúscula cela de estantes de livros, cantoneiras, penduricalhos e quadros. No mesmo piso, havia duas grandes salas; uma delas era a "Sala da Monitoria", o sínodo do Olimpo, e a outra era a Sala de Estudo dos Novos Alunos. Esta não se parecia nada com uma sala de estudo. Era maior e mais escura, e não tinha decoração; um banco fixo circundava uma mesa imóvel. Mas já sabíamos, os dez ou doze recrutas, que nem todos ficaríamos na Sala de Estudo dos Novos Alunos. Alguns ganhariam salas de estudo "de verdade"; os demais provavelmente ocupariam aquele local abjeto durante o primeiro período letivo apenas. Esse era o grande risco de nossa primeira noite; um seria levado, e o outro ficaria.

Depois de nos sentarmos em torno da mesa fixa — calados na maioria e, se falássemos, sussurrando apenas —, notamos que a porta se abria de quando em quando; um menino olhava lá para dentro, ria (não de nós, mas consigo mesmo) e ia embora. Numa dessas vezes, sobre o ombro do sorridente surgiu outro rosto e ouviu-se uma voz sarcástica: "Rá, rá! Eu sei *bem* o que vocês estão querendo". Só eu sabia o que significava aquilo, pois meu irmão, bancando o anjo da guarda, instruíra-me sobre os costumes do Coll. Nenhum dos meninos que espiavam e riam era um veterano; todos eram bem novos e havia algo comum no rosto de todos eles. Eram os reinantes ou decadentes Peruas da Casa, tentando adivinhar quais de nós seriam seus rivais ou sucessores.

É possível que alguns leitores não saibam o que significa a expressão Perua da Casa. Primeiro tratemos do segundo termo. Toda a vida em Wyvern era vivida, por assim dizer, nos dois círculos concêntricos do Coll e da Casa. Você podia ser um monitor do Coll ou meramente um monitor da Casa. Podia ser um veterano do Coll ou meramente um veterano da Casa; um Bocó (isto é, um pária, uma pessoa impopular) do Coll ou meramente um Bocó da Casa; e, é claro, um Perua do Coll ou meramente um Perua da Casa. O Perua[3] é um menino mirradinho e de aparência efeminada, que atua como pederasta passivo para um dos alunos mais velhos, geralmente veteranos. Geralmente, mas nem sempre.

Embora nossa oligarquia resguardasse para si a maioria dos prazeres da vida, nesse ponto era liberal; não impunha ao menino de classe média, além de todas as outras desvantagens, também a castidade. A pederastia entre as classes mais baixas não era "marginal", ou pelo menos não gravemente marginal; nada como colocar a mão no bolso ou usar o paletó desabotoado.

Os Peruas desempenhavam uma função importante no processo de transformar a escola (como se alardeava) num local de preparação para a vida pública. Não eram como escravos, pois seus favores eram (quase sempre) solicitados, e não forçados. Nem eram exatamente como prostitutas, pois os laços frequentemente tinham alguma permanência e,

---

[3] Aqui, e em todo este relato, às vezes lanço mão do "presente histórico". Não permita Deus que me interpretem como se eu quisesse dizer que Wyvern continua hoje o mesmo.

longe de ser meramente sensuais, eram altamente sentimentalizados. Tampouco eram pagos (em dinheiro vivo, quero dizer) pelos serviços, embora, logicamente, tivessem toda a bajulação, a influência informal, o favor e os privilégios que as amantes dos poderosos sempre gozaram na sociedade adulta. É aqui que entrava a Preparação para a Vida Pública. O *Harrovians*, do sr. Arnold Lunn, parece sugerir que os Peruas de sua escola agiam como informantes. Não os nossos. Se o fossem, eu saberia, pois um de meus amigos dividia uma sala de estudo com um Perua menor. E, a não ser pelo fato de às vezes ser expulso da sala quando um dos amantes do Perua entrava (isso, afinal, era o natural), ele nada tinha a reclamar. Essas coisas não me chocaram. Para mim, naquela idade, o principal problema de todo o sistema era que ele me entediava bastante.

O leitor não captará a atmosfera de nossa Casa a menos que imagine todo o local, de final de semana a final de semana, murmurando, rindo baixinho, dissimulando, sussurrando sobre o assunto. Depois dos jogos, as intrigas sexuais eram o principal tema das rodas de conversa: quem tinha "um caso" com quem, a estrela de quem estava subindo, quem tinha a foto de quem, quem e quando e com que frequência e em que noite e onde... Acho que se pode chamar isso de Tradição Grega. Mas jamais me senti tentado a cair no vício em questão; e de fato, até hoje, considero-o um tanto opaco à imaginação. Possivelmente, se eu tivesse ficado mais tempo no Coll, talvez eu me tivesse transformado num Menino Normal, nesse aspecto como noutros — segundo preconiza o sistema. Naquele estado de coisas, porém, sentia-me entediado.

Aqueles primeiros dias, como os primeiros dias de um recruta no exército, foram vividos num frenético esforço

Os veteranos

de descobrir o que havia para fazer. Um de meus primeiros deveres era descobrir em que "Clube" eu estava. Os Clubes eram as unidades nas quais éramos encaixados para os jogos compulsórios. Pertenciam à organização do Coll, e não da Casa; então eu tive de ir até um quadro de avisos "lá do Coll" para conseguir a informação. Primeiro encontrar o lugar — e então ousar enfiar-me na multidão de meninos mais importantes que cercavam o quadro de avisos —, depois começar a procurar meu nome em meio a outros quinhentos, mas sempre com um olho no relógio, pois logicamente há algo mais a fazer daí a dez minutos.

Fui obrigado a me afastar antes de encontrar meu nome no quadro e, assim, suando, voltei à Casa, num alvoroço de preocupação, imaginando se teria tempo para completar a tarefa no dia seguinte e que desastre inaudito me aconteceria se eu não conseguisse. (A propósito, por que será que alguns escritores falam como se cuidados e preocupações fossem características específicas da vida adulta? A mim me parece que existem mais transtornos numa semana normal de um menino de escola do que num ano normal de um homem adulto.)

Quando cheguei à Casa, algo gloriosamente inesperado aconteceu. À porta da Sala da Monitoria estava um Palerma; um mero veterano da Casa, é verdade, e até de classe inferior, mas para mim uma figura suficientemente augusta; um jovem do tipo risonho e esbelto. Mal pude acreditar quando ele realmente me dirigiu a palavra. "Ora, ora, Lewis" — berrou ele — "eu posso lhe dizer qual é o seu Clube. Você está no mesmo que eu, o B6". E que transição não vivi de todo aquele desespero ao êxtase! Toda a minha ansiedade se dissipou. E depois a cortesia do Palerma, a condescendência! Se um monarca me houvesse convidado para jantar, duvido que me sentiria mais lisonjeado. Mas coisas melhores ainda estavam por vir.

Todo dia em que tínhamos a tarde livre, eu ia obedientemente ao quadro de avisos do B6 para ver se meu nome estava ou não escalado para jogar. E nunca estava. Isso era alegria pura, pois logicamente eu detestava os jogos. Minha inabilidade nata, combinada com a falta de treinamento anterior, pela qual Belsen era responsável, havia eliminado toda a possibilidade de eu jogar bem o bastante sequer para me divertir, e muito menos para agradar os outros jogadores. Eu aceitava os jogos (um número enorme de meninos o faz) como um dos males necessários da vida, comparável ao Imposto de Renda ou ao Dentista. E assim, durante uma ou duas semanas, vivi na maciota.

Então veio o golpe. O Palerma mentira. Eu estava num Clube totalmente diferente. Meu nome havia aparecido mais de uma vez num quadro de avisos que eu nunca vira. Eu havia cometido o grave crime de "faltar aos compromissos do Clube". O castigo era uma surra ministrada pelo Líder do Coll na presença da assembleia de monitores do Coll. Não guardo rancor do Líder do Coll — um menino ruivo e sardento, de nome parecido com Borage ou Porridge; para ele, era questão de rotina. Mas preciso dar-lhe um nome aqui, porque o objetivo do relato o exige.

O emissário (algum veterano um pouco abaixo do próprio Líder) que me convocou à execução da pena tentou revelar-me a hediondez de meu crime com as seguintes palavras: "Quem é você? Ninguém. Quem é Porridge?[4] A PESSOA MAIS IMPORTANTE QUE EXISTE".

---

[4]Porridge, em inglês, quer dizer "mingau". O autor usa, para o mesmo personagem, nomes irônicos de pronúncia semelhante. [N. T.]

Os veteranos

Pensei então, e ainda penso, que essa foi uma atitude absolutamente equivocada. Ele poderia ter tirado duas lições morais perfeitamente boas. Poderia ter dito: "Nós vamos ensiná-lo a jamais confiar em informações de segunda mão, quando a de primeira está disponível" — lição bastante proveitosa. Ou poderia ainda ter dito: "O que é que o fez pensar que um veterano não poderia ser mentiroso?". Mas: "Quem é você? Ninguém", por mais justo que seja, dificilmente parece ter qualquer relação.

A implicação é que eu havia faltado aos compromissos do Clube por arrogância ou desafio. E não canso de me perguntar se o porta-voz realmente acreditava naquilo. Será que realmente julgava provável que um estranho totalmente impotente em uma nova sociedade, uma sociedade governada por uma classe implacável e de cujo favor dependiam todas as suas esperanças de felicidade, pudesse se dispor a enfrentar a Pessoa Mais Importante Que Exite? É um problema com que deparei muitas vezes depois em minha vida. O que quer dizer determinado tipo de examinador quando afirma: "Apresentar um trabalho como esse é um insulto aos examinadores"? Será que ele acha realmente que o candidato reprovado o insultou?

Outro problema é a responsabilidade do Palerma em minha pequena catástrofe. Será que a mentira dele fora uma peça, uma piada de mau gosto? Será que ele estava descontando em mim algum rancor que guardava contra meu irmão? Ou era ele (como hoje julgo mais provável) simplesmente aquilo que nossos antepassados chamavam de Galrão, um homem de cuja boca as informações, verdadeiras e falsas, fluem durante todo o dia, sem reflexão, quase à revelia da vontade?

Alguns podem achar que, seja qual for o motivo original, ele deveria ter se adiantado e confessado sua responsabilidade quando visse o apuro em que me colocara. Mas isso, bem sabe o leitor, dificilmente seria de esperar. Ele era um veterano de grau bem inferior, ainda galgando a escala social; Burradge (ou Porridge) estava quase tão acima do Palerma quanto este acima de mim. Ao se revelar, ele poria em risco sua posição social, numa comunidade em que a escalada social era a única coisa que importava; a escola é a preparação para a vida pública.

Para fazer justiça a Wyvern, devo acrescentar que o Palerma não era, segundo nossos parâmetros, um representante lá muito digno do Veteranismo. Ele transgrediu as regras do galanteio de uma maneira que (diz meu irmão) seria impossível em seus dias. Eu disse há pouco que os Peruas eram solicitados, não forçados. Mas o Palerma usou de fato, durante todo um período letivo, seus poderes monitoriais para perseguir um menino chamado, digamos, Parsley, que driblara seus cortejos. Isso era bastante fácil para o Palerma.

As inúmeras regrinhas que um aluno novo poderia violar quase inadvertidamente garantiam ao monitor a certeza de que um dado menino estava quase sempre em enrascada, enquanto o sistema de vassalagem deixava bem claro que ele não tinha lazer nenhum — em hora nenhuma de dia nenhum. Então Parsley descobriu o que significava se negar mesmo a um veterano menor. A história seria mais impressionante se Parsley fosse um menino virtuoso, furtando-se a atender o superior com base em princípios morais. Infelizmente ele era "ordinário como cadeira de barbeiro" — fora companhia requisitada nos tempos de meu irmão, mas então estava já perdendo o viço. Ele fixou um limite para as investidas do Palerma. Mas os métodos de coação do Palerma foram um exemplo de persistência que não voltei a testemunhar em toda a minha vida.

Os veteranos

Na verdade, levando em conta todos os aspectos e considerando também as tentações que sofriam adolescentes tão privilegiados e adulados, nossos veteranos não eram dos piores. O Conde era até amável. O Papagaio não era pior que um solene bobo — chamavam-no de "Metros-de--Coragem". Stopfish, que alguns julgavam cruel, tinha até princípios morais; em seus primeiros tempos (assim me disseram), muitos o desejaram como Perua, mas ele se manteve virtuoso. "Lindo, mas não vai com ninguém; é uma *uva*", seria o comentário wyverniano. O mais difícil de defender, talvez, seja Tennyson. Não nos importávamos muito com seus pequenos furtos nas lojas; alguns alunos achavam-no até esperto por voltar de um passeio pela cidade com mais gravatas e meias do que havia comprado. O pior era o castigo que mais gostava de aplicar em nós, a ralé: um "murro de leve". No entanto, poderia de fato alegar às autoridades que aquilo não passava de um tapa na orelha. Mas não acrescentaria a informação de que a vítima era obrigada a ficar de pé com a orelha esquerda, a têmpora e a face quase tocando, sem tocar de fato, a ombreira de um vão de porta; depois vinha o golpe, com toda a força, no lado direito do rosto.

Nós também murmurávamos um pouco em segredo quando ele anunciava um torneio (ou explícita, ou praticamente compulsório, eu acho) de um jogo chamado "yard críquete". Pois não é que ele recebia as inscrições e depois nem realizava o evento, nem devolvia o dinheiro? Mas o leitor há de lembrar-se de que isso ocorreu na era de Marconi,[5] e que ser monitor é uma preparação para a vida pública. E, a favor de

---

[5] Referência ao escândalo político-financeiro que cercou a venda da companhia Marconi, no início do século 20, e arranhou a imagem do governo britânico. [N. T.]

todos eles, mesmo Tennyson, uma coisa pode ser dita: nunca estavam bêbados. Disseram-me que seus predecessores, um ano antes de eu entrar, eram vistos às vezes realmente bastante bêbados no corredor da Casa em pleno meio-dia.

De fato, entrei na Casa quando ela vivia num severo regime de recuperação moral. Esse foi o tema de uma série de discursos que os monitores nos fizeram na Biblioteca da Casa durante minha primeira semana. Explicou-se, com riqueza de ameaças, que seríamos arrastados para cima, todos juntos, para onde os corrompidos devem ser arrastados pelos reformadores morais. Tennyson saiu-se otimamente bem na ocasião. Tinha uma voz boa e grave, e cantava solos no choro. Conheci um de seus Peruas.

Que todos encontrem a paz. Um destino pior os aguardava, pior do que o mais vingativo dos calouros explorados poderia desejar. Ypres e o Somme[6] devoraram a maior parte deles. Foram felizes enquanto duraram seus dias de glória.

A surra que levei do velho e sardento Ullage não foi em si algo cruel. O verdadeiro problema foi que acho que a partir daí me transformei, graças ao Palerma, num homem marcado; o tipo de Novo Aluno perigoso, que deixa de cumprir seus compromissos com o Clube. Ao menos acho que deve ter sido essa a principal razão de eu me ter tornado repugnante a Tennyson. Provavelmente existiam outras. Eu era alto para minha idade, um meninão um tanto desengonçado, e isso por si só já põe os mais velhos contra você. Também era inútil nos jogos. E o pior de tudo: minha cara. Sou o tipo de pessoa que ouve coisas como esta: "E vê se

---

[6]Ypres (região da Bélgica) e Somme (rio Francês) são nomes dados também a batalhas ocorridas durante a Primeira Guerra Mundial. [N. T.]

não me olha desse jeito". Observe mais uma vez, caro leitor, a mistura de justiça e injustiça de nossas vidas. Sem dúvida, por presunção ou temperamento difícil, muitas vezes pretendo parecer insolente ou truculento; mas nessas ocasiões as pessoas parecem não notá-lo. Por outro lado, os momentos em que me disseram que "não olhasse desse jeito" foram geralmente aqueles quando eu pretendia mostrar-me mais humilde. Será que não pode ter existido entre meus antepassados um homem livre cuja expressão, contra minha vontade, parecesse agressiva?

Como já sinalizei antes, o sistema de vassalagem é o principal meio pelo qual os Veteranos, sem violar regra alguma, podem transformar a vida de um calouro num inferno. Escolas diferentes têm sistemas diferentes de relação veterano-calouro. Em algumas delas, cada Veterano tem seu calouro. É esse o sistema mais frequentemente descrito nas histórias escolares; às vezes é representado — e, pelo que sei, às vezes realmente o é — como uma relação proveitosa entre cavaleiro e escudeiro, na qual o serviço da parte mais fraca é recompensado com algum grau de apoio moral e proteção da parte mais forte. Mas, sejam quais forem seus méritos, jamais o vivenciamos em Wyvern.

O sistema de vassalagem entre nós era tão impessoal quanto o mercado de trabalho na Inglaterra vitoriana; nesse aspecto, também, o Coll era uma preparação para a vida pública. Todos os meninos abaixo de determinado grau hierárquico constituíam força de trabalho, propriedade comum de todos os veteranos. Quando um veterano queria seu uniforme escovado e polido, ou as botas limpas, ou a sala de estudo "arrumada", ou o chá pronto, simplesmente berrava. Todos atendíamos correndo, e logicamente o veterano dava o serviço ao menino que ele mais detestava. A limpeza do uniforme — levava horas e, depois de terminar, você ainda tinha de limpar o seu — era o trabalho mais odiado.

A limpeza dos sapatos era uma irritação nem tanto por si mesma quanto pelas circunstâncias do executor. Vinha numa hora vital para um menino como eu, que, tendo ganho uma bolsa de estudos, fora encaixado numa turma avançada e mal conseguia, apesar de seus melhores esforços, dar conta de todo o trabalho. Portanto, o sucesso de todo o dia na Sala de Aula podia depender dos preciosos quarenta minutos entre o café da manhã e o Período da Manhã, quando os alunos retocavam os trechos selecionados para a tradução ao lado de outros meninos da mesma Classe. Isso só podia ser feito se o aluno não fosse pego para fazer as vezes de engraxate. Não, é claro, que a limpeza de um par de sapatos tome quarenta minutos. O que toma tempo é ficar na fila junto com outros calouros no "buraco do sapato", aguardando a vez de pegar as escovas e a graxa.

O ambiente daquele porão, a escuridão, o cheiro e (na maior parte do ano) o frio congelante são ainda uma vívida lembrança. O leitor, é claro, não deve supor que naqueles dias pródigos nos faltassem serviçais. Havia dois "engraxates mirins" oficiais, pagos pelo diretor da Casa, para limpar todas as botas e sapatos, e todos, incluindo os calouros que haviam limpado tanto os próprios sapatos quanto os dos veteranos diariamente, davam gorjetas aos engraxates ao final de cada período letivo.

Por uma razão que todos os leitores ingleses entenderão (os outros lerão algo sobre ela no próximo capítulo), sinto-me humilhado e constrangido por ter de registrar que, com o passar do tempo, passei a nutrir aversão pelo sistema de vassalagem. Nenhum verdadeiro defensor dos Internatos ingleses me acreditará se eu disser que estava cansado.

Os veteranos

Mas de fato estava — completamente exausto, esgotado como cavalo de carruagem, sem forças (quase) como criança que trabalha em fábrica. Muitas coisas além da vassalagem contribuíram para isso. Era fardo que talvez houvesse superado minhas forças. Meu trabalho na Sala de Aula ia quase além de minha capacidade. Eu vinha sofrendo problemas dentários na época, com muitas noites de dores lancinantes.

Não consigo me lembrar de nenhuma outra ocasião, exceto nas trincheiras da linha de frente (e, mesmo ali, nem sempre), em que eu tenha sofrido tamanha dor e cansaço constante como em Wyvern. Ah! o dia implacável, o horror do despertar, o infindável deserto de horas que nos separavam da hora de dormir! E lembre-se de que, mesmo sem a vassalagem, o dia escolar não contém quase lazer algum para um menino que não gosta de esportes. Para ele, passar da sala de aula ao campo de jogo é simplesmente trocar um trabalho pelo qual ele pode nutrir algum interesse por outro no qual nada lhe agrada, no qual o fracasso é mais severamente castigado e pelo qual (o pior de tudo) ele precisa fingir algum interesse.

Acho que esse fingimento, essa simulação de interesse em coisas que para mim eram sumamente chatas, era o que me exauria mais que qualquer outra coisa. Se o leitor se imaginar, desarmado, trancado por treze semanas seguidas, dia e noite, numa sociedade de golfistas fanáticos — ou, caso seja ele mesmo golfista, basta substituir esse termo por pescadores, teosofistas, bimetalistas, baconianos ou universitários alemães com uma queda pela autobiografia —, armados de revólveres e que provavelmente não hesitariam em atirar caso notem em você o menor sinal de perda de interesse na conversa, então você terá uma ideia de minha vida escolar. Mesmo o durão Chowbok (em *Erewhon*) hesitava ante tal destino. Pois os jogos (e o galanteio) eram os únicos assuntos, e eu não ligava para nenhum dos dois. Mas precisava parecer me importar com ambos, pois um menino vai para o Internato justamente para se transformar num menino normal e sensato — um ser sociável —, para se esquecer de suas inquietações.

O leitor não deve, a partir disso, concluir apressadamente que a maioria dos meninos gostava de *brincar* nos jogos mais do que eu. Escapar aos Clubes era considerado por dezenas de meninos uma grande vantagem. Deixar o Clube exigia a assinatura do diretor da Casa, e essa inofensiva assinatura merovíngia era imitável. Um falsificador competente (conheci um dos membros da classe) podia angariar um acréscimo constante à mesada pela produção e venda de assinaturas falsificadas. O eterno bate-papo sobre os jogos se embasava em três coisas. Primeiro, na mesma espécie de genuíno (embora quase nunca prático) entusiasmo que conduz as massas aos jogos de futebol.

Poucos queriam jogar, mas muitos queriam assistir, participar substitutivamente dos triunfos do Coll, ou da Casa, do time. Segundo, esse sentimento natural tinha o apoio vigilante de todos os veteranos e quase todos os mestres. Ser morno nesses assuntos era o pecado supremo. Assim, o entusiasmo tinha de ser exagerado quando existisse, e simulado quando não existisse. Nos jogos de críquete, veteranos menos importantes patrulhavam a multidão de espectadores para detectar e castigar qualquer "frouxidão" nos aplausos; lembra-me uma das precauções que se tomavam quando Nero cantava. Pois, logicamente, toda a estrutura do Veteranismo ruiria se os veteranos jogassem pelo mero espírito esportivo, por simples divertimento; plateia e ribalta eram imprescindíveis. E isso nos leva à terceira razão.

Para meninos que não eram ainda veteranos, mas carregavam alguma promessa atlética, os Jogos eram essencialmente *moyen de parvenir*.[7] Se para mim nada havia de recreativo nos Clubes, para eles também não. Pois entravam no campo de jogo não como homens vão à quadra de tênis, mas como moças ensandecidas pelo *glamour* do palco enfrentam um teste de seleção — tensos e ansiosos, sacudidos por fascinantes esperanças e mórbidos temores, nunca em paz de espírito antes de conseguir algum destaque que lhes permita pôr os pés sobre o primeiro degrau da escada social. E, mesmo depois, jamais encontravam paz; pois deixar de avançar é retroceder.

A verdade é que aqueles jogos organizados e compulsórios tinham, em meus dias, banido quase inteiramente o elemento de brincadeira da vida escolar. Não havia espaço para brincar de verdade. A rivalidade era feroz demais; os prêmios, fascinantes demais; o "inferno do fracasso", severo demais.

Praticamente o único menino que "brincava" (mas não durante os jogos) era o nosso conde irlandês. Mas ele era exceção a todas as regras; não por conta da condição de conde, mas porque ele era um irlandês indomável, genuinamente anárquico, que sociedade nenhuma poderia amansar. Fumou um cachimbo já no primeiro período letivo. Saía à noite em estranhas expedições a uma cidade vizinha; não — acredito — em busca de mulher, mas, sim, de inocente escarcéu, da plebe e de aventura.

Sempre trazia consigo um revólver. Lembro-me bem disso, pois tinha por hábito carregar só uma bala, entrar de rompante na sala de estudo e depois disparar (se é que essa é

---

[7]Fr., "meio de alcançar". [N. T.]

a palavra correta) as câmaras vazias do tambor; assim, nossa vida dependia da precisão dos cálculos que ele fazia. Eu achava na época, e ainda acho, que essa (ao contrário da vassalagem) era a espécie de coisa que nenhum menino sensato poderia objetar. Era feito em desafio tanto aos professores quanto aos veteranos, além de ser algo totalmente inútil e sem malícia. Eu gostava de Ballygunnian; ele também foi morto na França. Não acredito que jamais tenha virado veterano; se o fez, não se teria dado conta. Não ligava a mínima para a ribalta ou o sucesso social. Passou pelo Coll sem dar a isso a menor atenção.

Penso que a Bonequinha — a linda ruiva que cuidava da limpeza do "lado privativo" — também podia ser classificada como objeto de "diversão". A Bonequinha, quando pega e carregada até nossa parte da Casa (pelo Conde, acho), era toda risinhos e gritinhos. Era uma menina sensata demais para entregar sua "castidade" a qualquer veterano; mas corria o boato de que aqueles que a encontravam no momento e no lugar certos convenciam-na a dar certas lições de anatomia. Talvez mentissem.

Mas ainda não mencionei nem um professor sequer. Um deles, muito querido e venerado, aparecerá no próximo capítulo. Mas outros mal valem sequer menção. É difícil para os pais (e mais difícil, talvez, para o diretor do colégio) perceber a insignificância da maioria dos professores na vida de uma escola. Do bem e do mal que se faz aos alunos, os mestres em geral fazem pouco, e sabem ainda menos. Nosso Diretor deve ter sido um homem justo, pois nos dava ótimo alimento. Quanto ao resto, tratava a Casa de maneira bastante cortês e discreta. Às vezes, percorria os dormitórios à noite, mas sempre calçava botas, pisava pesadamente e tossia à porta. Não era espião nem desmancha-prazeres — homem honesto. Viva e deixe viver.

Ficando cada vez mais cansado de tudo aquilo, no corpo e na mente, passei a detestar Wyvern. Não notava então o verdadeiro mal que o colégio me fazia. Estava aos poucos me ensinando a ser um jovem pretensioso; quero dizer, pretensioso intelectualmente — ou (no mau sentido) um Intelectual. Mas esse assunto terá de aguardar outro capítulo. No final de tudo, devo repetir (pois é essa a impressão geral deixada por Wyvern) que eu estava exausto. A própria consciência se estava tornando o supremo mal; o sono, o sublime bem. Deitar-me, livrar-me do som das vozes, não mais fingir nem fazer caretas, nem fugir, nem agir furtivamente — era esse o objeto de todo o desejo; ah! quem me dera não houvesse outra manhã seguinte, quem me dera o sono durasse para sempre!

CAPÍTULO 7

Luz e sombra

Para qualquer situação, por mais desesperadora que pareça, sempre há algum tipo de consolo.

— Goldsmith

Eis um camarada, diz o leitor, que costumava bancar o escritor ético e religioso, mas agora, vejam só, acaba de escrever um capítulo inteiro descrevendo sua velha escola como verdadeira fornalha de amores impuros, sem uma palavra sobre a abominação do pecado. Porém, dois motivos me levaram a escrever isso. Um deles o leitor saberá antes do final deste capítulo. O outro é que, como já disse, o pecado em questão é um dos dois (o jogo de azar é o segundo) que jamais me senti tentado a cometer. Não vou me desgastar com fúteis filípicas contra inimigos que jamais combati.

("Isso significa, então, que todos os outros vícios sobre os quais você escreveu tão prodigamente...". Bem, a resposta é sim, e maior é o remorso; mas nada que colabore com nosso propósito presente.)

Devo agora contar ao leitor como Wyvern fez de mim um sujeito pretensioso. Ao entrar no colégio, nada era mais alheio à minha mente que a ideia de que esse meu gosto particular por livros razoavelmente bons, por Wagner, pela mitologia, desse-me qualquer superioridade sobre aqueles que liam apenas revistas e nada ouviam que não fosse *ragtime* (na moda então). A afirmação pode parecer inacreditável se eu não acrescentasse que era protegido desse tipo de presunção pela mais absoluta ignorância.

O sr. Ian Hay em algum texto seu descreve a minoria leitora de um Internato de sua época como meninos que conversavam sobre "G. B. S. e G. K. C."[1] da mesma maneira que outros meninos fumavam escondidos. As duas facções eram inspiradas pelo mesmo anseio do fruto proibido e pelo mesmo desejo de ser adulto. E suponho que meninos como os que ele retrata talvez viessem de lares de Chelsea, Oxford e Cambridge, onde ouviam coisas sobre a literatura contemporânea. Mas minha posição era totalmente diferente. Eu era, por exemplo, grande leitor de Shaw mais ou menos na época em que entrei em Wyvern, mas jamais nem sonhara que ler Shaw fosse algo de que se gabar.

Shaw era nas estantes de meu pai um autor como outro qualquer. Comecei a lê-lo porque suas *Dramatic opinions* [Opiniões dramáticas] continham bom material sobre Wagner, e o próprio nome de Wagner era então para mim um chamariz. Daí passei a ler a maioria dos outros Shaws que tínhamos. Mas eu não sabia da reputação do escritor no mundo literário, nem me importava com isso; nem sequer sabia que existia um "mundo literário". Meu pai me dizia que Shaw era um "charlatão", mas que havia algo de engraçado em *John Bull's other island* [Outra ilha de John Bull]. Era o

---

[1] Os escritores George Bernard Shaw e Gilbert Keith Chesterton. [N. T.]

mesmo que acontecia a todas as minhas outras leituras; ninguém (graças a Deus) jamais as havia admirado ou encorajado. (A William Morris, por alguma razão insondável, meu pai sempre se referia como "aquele pintor de assobios".)

Eu podia até ser — sem dúvida o era — presunçoso em Chartres por causa de meu bom latim; era algo que se reconhecia como meritório. Mas a Literatura Inglesa, graças ao bom Deus, estava ausente do currículo oficial, e assim me salvei de qualquer possibilidade de presunção a respeito disso.

Jamais na vida eu lera uma obra de ficção, poesia ou crítica em minha língua cujo motivo da leitura não fosse, depois de saborear as primeiras páginas, o puro gosto. Eu não podia desprezar o fato de que a maioria das outras pessoas, fossem meninos ou adultos, não ligava a mínima para os livros que eu lia. Bem poucos gostos eu partilhava com meu pai; com meu irmão, um pouco mais; afora isso, não havia ponto de contato, e isso eu aceitava como uma espécie de lei natural. Se eu refletisse sobre tudo isso, acabaria, acho eu, com um leve sentimento, não de superioridade, mas, sim, de inferioridade. O romance popular mais recente era obviamente tão mais adulto, tão mais normal, de um gosto tão mais sofisticado que o meu... Certa vergonha ou timidez se estendia a tudo aquilo de que eu gostava profundamente e às escondidas. Entrei no Coll muito mais disposto a arrumar desculpas para meus gostos literários do que a me orgulhar deles.

Mas essa inocência não perdurou. Foi, de início, levemente sacudida por tudo o que logo comecei a aprender nas aulas sobre as glórias da literatura. Fiquei livre afinal da perigosa ideia de que os outros, como eu, haviam encontrado ali "enorme bem-aventurança", de que haviam sido enfeitiçados pela beleza. Entre os outros Novos Alunos

Luz e sombra

que cursavam o mesmo ano que eu, conheci também dois meninos que vinham da Dragon School, de Oxford (onde Naomi Mitchison, ainda adolescente, acaba de produzir sua primeira peça), e deles também obtive a leve impressão de que existia um mundo que eu jamais sonhara, um mundo em que a poesia, digamos, era algo público e aceito, assim como os Jogos e o Galanteio eram aceitos em Wyvern; ou até mesmo um mundo em que o gosto por tais coisas era quase meritório.

Sentia-me como Seigfried se sentiu quando pela primeira vez se deu conta de que não era filho de Mime. O que fora gosto "meu" era agora aparentemente "nosso" gosto (e quem me dera conhecer o "nós" a quem pertencia esse "nosso"). E, se gosto "nosso", então — numa perigosa transição — quem sabe "bom" gosto, ou o gosto "certo". Pois essa transição implica uma espécie de Queda. No momento em que o bom gosto toma consciência de si mesmo, parte de sua qualidade se esvai. Mesmo assim, contudo, não é necessário dar novo passo abaixo, desprezando os "filisteus" que não partilham do mesmo gosto. Infelizmente, dei esse passo.

Até aqui, embora cada vez mais infeliz em Wyvern, eu me envergonhava só parcialmente de minha infelicidade, ainda pronto (se ao menos me fosse permitido) a admirar os olímpicos, ainda um tanto pasmado, intimidado em vez de ressentido. Eu não tinha, como o leitor pode perceber, nenhuma base de apoio contra o *espírito* wyverniano, partido nenhum pelo qual pudesse lutar contra ele; era um simples "eu" contra aquilo que me parecia todo o mundo. Mas, no momento em que o "eu" se tornou, por mais vagamente, um *nós* — e Wyvern não mais *o* mundo, mas *um* mundo —, aí tudo mudou. Era agora possível retaliar, pelo menos em pensamento.

Surpreendido pela alegria

Lembro-me daquilo que pode muito bem ter sido o momento preciso dessa transição. Um monitor chamado Blugg, ou Glubb, ou coisa parecida, estava à minha frente, arrotando na minha cara, dando-me alguma ordem. O arroto não era para insultar. Você não pode "insultar" um calouro, assim como não pode fazê-lo a um animal. Se Bulb desse alguma importância à minha reação, certamente esperaria que eu achasse engraçadas as suas eructações. O que me levou às raias da pura presunção foi a cara dele — as bochechas rechonchudas e cheias, o lábio inferior grosso, úmido, caído, a rústica combinação de sonolência e esperteza. "Esse estúpido!" — pensei. "Esse imbecil! Esse palhaço, idiota e bronco! Apesar de todos os seus poderes e privilégios, jamais gostaria de ser como ele". Havia me tornado um Pedante, um Intelectual.

O interessante é que o sistema do Internato havia assim produzido justamente o que alardeava evitar ou curar. Pois o leitor precisa entender (caso você mesmo não tenha provado dessa tradição) que a coisa toda era planejada com o intuito de livrar os meninos mais novos das "bobagens" e "colocá-los em seu devido lugar". "Se os mais novos não fossem tratados assim" — disse-me meu irmão certa vez —, "ficariam intoleráveis". É por isso que me senti tão constrangido, poucas páginas atrás, quando tive de confessar que fiquei um tanto cansado dessa vassalagem contínua dos calouros aos veteranos. Se dizemos algo assim, qualquer verdadeiro defensor do sistema diagnosticará seu problema no ato, e o diagnóstico será sempre o mesmo. "Arrá!" — gritará ele — "então *esse* é o problema! Você se achava bom demais para engraxar as botas de seus superiores, não é? Isso só mostra quanto você precisava ser tratado como reles calouro. É para curar jovenzinhos de nariz arrebitado como você que o sistema existe".

122

Luz e sombra

Não se admite que nenhuma outra causa pudesse despertar descontentamento com o fardo de calouro, exceto o "achar-se bom demais para isso". Basta transferir a coisa à vida adulta para, aparentemente, ver a perfeita lógica do argumento. Se alguma pessoa importante tivesse autoridade inarredável para convocá-lo a qualquer serviço que aprouvesse a ela, em qualquer momento fora do horário de trabalho — se, quando você voltasse para casa em um fim de tarde de verão, cansado do serviço e com mais trabalho para preparar para o dia seguinte, ela poderia arrastá-lo ao campo de golfe e obrigá-lo a carregar os tacos até cair a noite —, e se, enfim, ela o dispensasse sem um simples obrigado e com uma mala cheia de roupas por escovar e limpar, para devolver-lhe antes do café da manhã, além de um cesto repleto de roupas íntimas para sua mulher lavar e costurar, e se, sob tal regime, você não estivesse sempre perfeitamente feliz e satisfeito, qual seria a causa senão sua presunção? Que mais poderia ser, afinal de contas? Ora, quase por definição, toda ofensa cometida por um calouro deve obrigatoriamente ser creditada à "impertinência" ou à "bazófia"; e mostrar-se infeliz, ou mesmo deixar de demonstrar um entusiasmo arrebatador, é ofensa.

Claro, algum grave perigo rondava a mente daqueles que criaram a hierarquia wyveriana. Parecia-lhes plenamente evidente que, se deixassem as rédeas soltas, meninos de dezenove anos que jogavam rúgbi pelo condado e competiam como boxeadores pela equipe do colégio seriam sempre nocauteados e oprimidos por meninos de treze. E isso, claro, seria um espetáculo deprimente. Havia então a necessidade de arquitetar um mecanismo apuradíssimo para proteger os fortes contra os fracos; a coesa corporação dos Experientes contra a parcela de novatos estranhos uns aos outros e a

123

todos do colégio; os leões vacilantes contra as ovelhas furiosas e predadoras.

Há, claro, alguma verdade nisso. Meninos mais novos podem ser impertinentes; e meia hora na companhia de um francês de 13 anos faz a maioria das pessoas achar que afinal existe algo a ser dito em favor do sistema de vassalagem nos colégios. Ainda assim, não posso deixar de achar que os meninos maiores seriam capazes de se sair muito bem sem todas as complicadas garantias, os tapinhas nas costas e o encorajamento que as autoridades lhes davam. Pois, logicamente, essas autoridades, não satisfeitas em tirar as "bobagens" da cabeça das ovelhas, estavam sempre incutindo e inspirando uma quantidade no mínimo igual de "bobagens" nos leões: poder e privilégio e uma plateia incentivadora nos jogos de que participavam. Será que a simples natureza dos meninos não podia, sem ajuda externa, ter feito tudo o que era necessário fazer a esse respeito, ou até mais?

Mas, seja qual for a explicação racional que se dê, afirmo que o sistema não atingiu seu objetivo. Nos últimos trinta anos, mais ou menos, a Inglaterra viu-se presa de uma *intelligentsia* amarga, truculenta, cética, desiludida e cínica. Grande número de seus integrantes passou pelos internatos, e acredito que bem poucos deles gostaram. Aqueles que defendem as escolas, é claro, dirão que esses Pedantes são casos que o sistema não conseguiu curar; não foram chutados, ridicularizados, submetidos, açoitados e humilhados o bastante. Mas sem dúvida é igualmente possível que eles sejam o produto do sistema, ou não? Seria o caso de não serem Pedantes coisa alguma quando entraram nos colégios, mas justo ali se transformaram em seres presunçosos, como eu mesmo? Pois, de fato, esse seria um resultado bastante natural. Quando a opressão não abala completa e permanentemente o ânimo,

Luz e sombra

acaso não exibe uma tendência natural de gerar orgulho e desdém retaliatórios? Compensamos as algemas e o trabalho forçado com uma dose dupla de autoestima. Ninguém tem maior probabilidade de ser arrogante que um escravo recém-liberto. Escrevo, é claro, só para leitores neutros. Com os fanáticos defensores do sistema não existe discussão, pois, como já vimos, eles têm lógica e máximas que a mente leiga não consegue assimilar. Já ouvi até essa gente defender os jogos compulsórios argumentando que todos os meninos, "exceto os poucos inúteis", gostam dos jogos; eles têm de ser obrigatórios porque nenhuma coação é necessária. (Gostaria de nunca ter ouvido capelães das Forças Armadas usarem um argumento semelhante em defesa da podre instituição das Paradas da Igreja[2].)

Mas o mal fundamental da vida do internato, para mim, não está nem nos sofrimentos dos calouros, nem na privilegiada arrogância dos veteranos. Esses eram sintomas de algo mais bem difundido, algo que, no longo prazo, causava mais dano aos meninos que se saíam melhor na escola e ali eram mais felizes. Espiritualmente falando, o fatal era que a vida escolar era dominada quase por completo pela luta social; avançar, chegar ao topo ou, depois de atingi-lo, permanecer ali — essa era a preocupação dominante. Também é muitas vezes, claro, a preocupação da vida adulta; mas até hoje não vi nenhuma sociedade adulta em que a submissão a esse impulso fosse tão completa. E disso, tanto na escola como no mundo, nasce toda sorte de vilania: a bajulação que corteja

---

[2]Formação militar na qual as tropas marcham para o culto na igreja, voltando do culto na mesma formação. [N. T.]

125

os que se encontram em posição mais elevada na escala, o cultivo da amizade daqueles que é proveitoso conhecer, o rápido abandono das amizades que não ajudam a avançar socialmente, a pronta disposição de unir-se à grita contra o impopular, o motivo secreto em quase todo ato.

Relembrando o passado, hoje me parece que os wyvernianos compunham a sociedade menos espontânea e, nesse sentido, menos sensível ao universo de interesses de um menino, que já conheci. Talvez não fosse exagero dizer que na vida de alguns desses meninos tudo era calculado com vistas ao excelente objetivo do avanço. Para isso disputavam-se os jogos; para isso escolhiam-se roupas, amigos, diversões e vícios.

E é por isso que não posso dar à pederastia um grande destaque entre os males do Coll. Existe muita hipocrisia a esse respeito. As pessoas geralmente falam do assunto como se qualquer outro mal fosse mais tolerável que esse. Mas por quê? Porque aqueles que não partilham do vício sentem por ele certa náusea, como acontece, digamos, com a necrofilia. Considero esse aspecto de relevância insignificante para o juízo moral. "Ah! Mas ele gera perversão permanente..." Porém, há bem poucas provas de que o faça.

Os veteranos prefeririam meninas a meninos se pudessem a elas ter acesso; quando, mais tarde, as moças lhes fossem acessíveis, provavelmente recorreriam a elas. Seria então por razões de fundo cristão? Mas quantos dos que vociferam contra isso são de fato cristãos? E que cristão numa sociedade tão mundana e tão cruel como a de Wyvern elegeria os pecados carnais para reprovação especial? Crueldade certamente é pior que luxúria, e o Mundo ao menos tão perigoso quanto a Carne. O verdadeiro motivo de todo esse barulho, na minha opinião, não tem fundo cristão nem ético. Atacamos esse vício não porque é ele o pior, mas porque, segundo os parâmetros adultos, é o mais infame e indecente, e também constitui crime pela lei inglesa. O Mundo só o conduz ao Inferno; mas a sodomia pode levá-lo à cadeia, gerar escândalo e deixá-lo sem emprego. O Mundo, justiça seja feita, raramente traz tais consequências.

Se aqueles que conheceram uma escola como Wyvern ousassem falar a verdade, teríamos de dizer que a pederastia, por mais que seja em si mesma um grande mal, era naquela época e lugar o único ponto de apoio ou abertura para determinadas coisas boas. Era o único contrapeso à luta social; o único oásis (embora o verde fossem só ervas daninhas e a água, um líquido fétido) no deserto abrasador da ambição competitiva. Nesses bizarros casos de amor, e talvez só neles, o veterano saía um pouco de si mesmo, esquecia por algumas horas que ele era Uma das Pessoas mais Importantes que Existem. Suavizava todo o quadro. Essa perversão era a única fenda pela qual algo espontâneo e não calculado podia se insinuar. Platão estava certo afinal. Eros, virado de cabeça para baixo, obscurecido, distorcido e imundo, ainda trazia vestígios de sua divindade.

E que resposta, a propósito, não era Wyvern para aqueles que deduzem da economia todos os males da sociedade! Pois dinheiro nada tinha que ver com sua estrutura de classes. Não eram (graças aos Céus) os meninos de paletós puídos que se tornavam Bocós, nem os meninos cheios da nota que se tornavam veteranos. Segundo alguns teóricos, portanto, o sistema deveria ser inteiramente livre de vulgaridades e iniquidades burguesas. Todavia, jamais vi comunidade tão competitiva, tão cheia de esnobismo e afetação; uma classe dominante tão egoísta e tão convencida da própria importância; ou um proletariado tão servil, tão carente de toda solidariedade e senso de honra corporativa. Mas talvez nem seja necessário recorrer à própria experiência para demonstrar uma verdade tão óbvia *a priori*. Como observou Aristóteles, os homens não se tornam ditadores para se conservar cordiais. Se uma classe governante tem alguma outra fonte de poder, por que se preocuparia com dinheiro? A maior parte do que ela quer lhe será concedida por adulões imitadores; o resto pode ser conseguido pela força.

Em Wyvern, havia duas coisas benéficas que não usavam disfarce: uma delas era o professor de minha turma — Smewgy, como o chamávamos. Escrevo o nome dele de forma que garanta a pronúncia correta — a primeira sílaba deve rimar exatamente com *fugue* (fiúg) — embora a grafia wyverniana fosse "Smugy".

Exceto na escola do Velho, tive sorte com meus professores desde que nasci; mas Smewgy era "além da expectativa, além da esperança". Era um homem de cabeça grisalha, de grandes óculos e boca larga — características que se combinavam para lhe dar uma expressão de sapo; mas nada lembrava menos um sapo que sua voz. Tinha voz realmente aveludada. Cada verso que lia virava música em seus lábios: algo a meio caminho entre a fala e o canto. Não é a única forma interessante de ler poesia, mas é aquela que fascina os meninos; formas mais dramáticas e mais rítmicas podem ser aprendidas mais tarde.

Ele foi o primeiro que me ensinou a correta sensualidade da poesia, como ela deve ser saboreada e declamada em solidão. Do miltoniano "Tronos, domínios, principados, virtudes, potestades", ele disse o seguinte: "Esses versos me deixaram feliz por uma semana". Era o tipo de coisa que eu jamais ouvira alguém dizer. Tampouco eu havia até então encontrado perfeita gentileza num professor. E nada tinha a

Luz e sombra

ver com suavidade; Smewgy podia ser bem severo, mas era a severidade de um juiz, pesada e medida, sem sarcasmo:

Ele jamais disse uma vilania à toa,
Em toda a sua vida, a nenhuma pessoa.

Ele tinha uma equipe difícil de conduzir, pois nossa turma em parte consistia em novatos, Novos Alunos com bolsas de estudo, começando ali naquele ponto, como eu; e em parte de alunos mais antigos, que ali haviam chegado ao final de sua lenta escalada escolar. Com sua cortesia, ele nos transformou numa unidade. Sempre se dirigia a nós com o termo "cavalheiros", e a possibilidade de nos comportarmos de outro modo parecia assim descartada desde o início. Naquela sala jamais se ousou insinuar a menor distinção entre calouros e veteranos. Num dia quente, depois de nos ter dado permissão para tirar os paletós, pediu-nos permissão para tirar a beca.

Certa vez, por um mau trabalho, fui enviado por ele ao Diretor para ser ameaçado e repreendido. O diretor entendeu equivocadamente o relato de Smewgy e pensou que houvera alguma reclamação sobre meu comportamento. Depois Smewgy ficou sabendo das palavras do Diretor e imediatamente corrigiu o erro, puxando-me de lado para dizer: "Houve um curioso mal-entendido. Eu não disse nada disso sobre você. Você terá de ser açoitado caso não se saia melhor em gramática grega na semana que vem, mas naturalmente isso nada tem que ver com seu comportamento ou o meu". A ideia de que o tom de conversa entre um cavalheiro e outro deva ser alterado por um açoite (ou mesmo por um duelo) era ridícula. Seus modos eram perfeitos: nenhuma intimidade, nenhuma hostilidade, nenhum humor viciado; respeito mútuo; decência. "Jamais vivamos com *amousia*" era uma de suas máximas favoritas: *amousia*, a ausência das Musas. E ele sabia, como também Spenser, que a cortesia pertence às Musas.

Assim, mesmo que Smewgy não nos tivesse ensinado nada mais, estar na turma dele era, em certo sentido, enobrecer-se. Em meio a toda a ambição banal e aos esplendores efêmeros da vida escolar, ele se destacava como um lembrete permanente de coisas mais graciosas, mais humanas, maiores e mais agradáveis. Mas seu ensinamento, no sentido mais estrito, era igualmente bom. Pois era capaz de encantar, mas também de analisar. Uma expressão idiomática ou um quebra-cabeça textual, uma vez explicados por Smewgy, tornavam-se claros como o dia. Ele nos fazia perceber que a exigência erudita da precisão não era meramente pedante, ainda menos uma disciplina moral arbitrária, mas, sim, uma sutileza, um regalo, cuja falta indicava "uma disposição grosseira e rústica". Comecei a ver que o leitor que deixa escapar particularidades sintáticas num poema perde também sutilezas estéticas.

Naquele tempo, um menino na turma clássica oficialmente quase nada estudava além dos clássicos. Acho que era uma estratégia inteligente; o melhor que podemos fazer à educação hoje é ensinar menos matérias. Ninguém tem tempo para estudar de fato mais do que muito pouca coisa até os vinte anos, e, quando forçamos um menino a tornar-se medíocre numa dúzia de matérias, destruímos seus parâmetros, talvez por toda a vida. Smewgy nos ensinava latim e grego, mas tudo o mais vinha incidentalmente. Os livros que mais me agradavam em suas aulas eram as *Odes*, de Horácio, a *Eneida* IV e as *As bacantes*, de Eurípides.

Luz e sombra

De certo modo, eu havia sempre "gostado" de meus estudos clássicos, mas até então fora somente o prazer que todos sentem no domínio de um ofício. Agora eu saboreava os clássicos como poesia. O retrato euripidiano de Dioniso estava intimamente ligado, em minha mente, ao espírito geral de *Crock of Gold*, do sr. Stephens, que eu lera havia pouco tempo pela primeira vez e com grande empolgação. Era algo bem diferente da Borealidade. A Pã e Dioniso faltava o charme frio e penetrante de Odin e Frey.[3] Uma nova qualidade penetrou minha imaginação: algo mediterrâneo e vulcânico, o orgíaco ritmo dos tambores. Orgíaco, mas não, ou não fortemente, erótico. Estava talvez inconscientemente ligado ao meu crescente ódio pelas ortodoxias e convenções do internato, meu desejo de quebrar e despedaçar tudo aquilo.

A outra coisa boa e autêntica do Coll foi a "Gurney", a biblioteca da escola; não só por ser uma biblioteca, mas porque era também refúgio. Assim como os negros alcançavam a liberdade ao tocar o solo inglês, assim também o menino mais ordinário era "intocável" dentro da Gurney. Não, logicamente, que fosse fácil chegar ate lá. Nos períodos letivos do inverno, se você não estava na listagem dos "Clubes", tinha de treinar corrida. No verão, só era possível obter refúgio de uma tarde em condições francamente propícias. Você podia ser escalado para os Clubes, e isso o excluía. Ou talvez houvesse jogo da Casa ou do Clube, a que você era obrigado a assistir. Em terceiro lugar, e mais provável, a caminho da biblioteca você podia ser pego e explorado durante toda a tarde. Mas às vezes alguém conseguia superar todos esses desafios; e então — livros, silêncio, lazer e o

---

[3] Frey, ou Freyr, é o deus da fertilidade na mitologia escandinava. [N. T.]

som distante de tacos e bolas ("Ah, a música esplêndida de um *distante* tambor"), abelhas zumbindo nas janelas abertas, e liberdade.

Na biblioteca, encontrei *Corpus poeticum boreale* e tentei, em vão mas extasiado, cinzelar até os originais a partir da tradução ao pé da página. Ali também encontrei Milton, e Yeats, e um livro de mitologia céltica, que logo se tornou, se não rival, ao menos humilde companheira da nórdica. Isso me fez bem; desfrutar de duas mitologias (ou três, agora que eu começara a amar a grega), plenamente ciente de seus diferentes sabores, é algo equilibrado e que conduz à universalidade. Eu sentia agudamente a diferença entre a empedernida e ardente sublimidade de Asgard; o mundo verde, folhoso, erótico e esquivo de Cruachan, do Ramo Vermelho e de Tirnan-Og;[4] e a beleza esplendorosa, mais dura e mais provocante, do Olimpo. Comecei (possivelmente nas férias) a escrever um épico sobre Cuchulain e outro sobre Finn,[5] em hexâmetros ingleses e em versos de quatorze sílabas, respectivamente. Por sorte abandonei-os antes de tais metros fáceis e vulgares terem tido tempo de estragar meu ouvido.

Mas a Borealidade ainda ocupava o primeiro lugar, e a única obra que completei nessa época foi uma tragédia, de tema nórdico e forma grega. O título era *Loki Bound*, e era tão clássica quanto qualquer humanista poderia ter desejado, com Prólogo, Párodo, Episódio, Estásimo, Êxodo, Esticomítia e (logicamente) um trecho em trocaico

---

[4] Na mitologia irlandesa, Cruachan é a capital do reino de Connacht; o Ramo Vermelho é o festivo salão dos heróis de Ulster; e Tir-nan-Og é a "Terra dos Jovens", reino de grande beleza e lindíssimas mulheres. [N. T.]
[5] Cuchulain é herói e semideus da mitologia celta; Finn é herói mágico e fanfarrão, matador de monstros. [N. T.]

Luz e sombra

setenário — com rima. Jamais gostei tanto de uma coisa. A satisfação é significativa. Meu Loki não era meramente malicioso. Era contra Odin porque este havia criado um mundo a despeito dos ostensivos alertas de Loki, que lhe dissera que o ato seria uma crueldade temerária. Por que as criaturas deveriam ter sobre si, sem seu consentimento, o fardo de uma existência?

O principal contraste em minha peça era entre a triste sabedoria de Loki e a brutal ortodoxia de Thor.[6] Odin era em parte solidário; podia ao menos perceber o que Loki queria dizer, e houvera entre os dois uma velha amizade antes de se verem obrigados e apartar-se por causa da política cósmica. Thor era o verdadeiro vilão — Thor com seu martelo e suas ameaças, sempre colocando Odin contra Loki, e sempre reclamando que Loki não tinha respeito suficiente pelos deuses maiores; a que Loki replicou:

Respeito a sabedoria, não a força.

Thor era, de fato, o símbolo dos veteranos, embora eu o perceba mais claramente hoje do que na época. Loki era uma projeção de mim mesmo; ele dava vazão àquele senso de pedante superioridade por meio do qual eu estava, tristemente, começando a compensar minha infelicidade.

A outra característica em *Loki Bound* que pode merecer um comentário é o pessimismo. Nessa época eu vivia, como tantos ateístas e antiteístas, num redemoinho de contradições. Eu sustentava que Deus não existia. Ao mesmo tempo,

---

[6]Loki é figura maléfica da mitologia escandinava, responsável pela morte de Balder; Thor é o deus nórdico do céu, dos ventos e dos trovões. [N. T.]

Surpreendido pela alegria

muito me zangava com Deus por ele não existir. E também me zangava com Deus por ter ele criado o mundo.

Mas qual era o grau de sinceridade desse pessimismo, desse desejo de não ter existido? Bem, devo confessar que esse desejo rapidamente sumia de minha mente naqueles segundos em que eu me via na mira do revólver do alucinado conde irlandês. Pelo teste chestertoniano, o teste de *Manalive*, não havia ali nada de sinceridade. Mas o argumento de Chesterton até hoje não me convence. É verdade que, quando a vida de um pessimista é ameaçada, ele se comporta como os outros homens. O impulso que ele tem de preservar a vida é mais forte que seu juízo de que a vida não merece ser preservada. Mas como é que isso prova que o juízo era insincero, ou mesmo incorreto? O juízo que um homem faz de que uísque lhe faz mal não é invalidado pelo fato de, estando a garrafa à mão, achar ele o desejo mais forte que a razão, sucumbindo assim.

Havendo provado a vida uma vez, ficamos sujeitos ao impulso da autopreservação. A vida, em outras palavras, é tão viciadora quanto a cocaína. E daí? Se assim mesmo eu defendia que a criação fora "uma grande injustiça", então deveria defender que esse impulso de reter a vida agrava a injustiça. Se é ruim ser forçado a beber o veneno, será que resolve o problema descobrir que a poção se revela uma droga viciadora? O pessimismo não pode ser respondido assim. Concebendo como então eu concebia o universo, eu era sensato ao condená-lo. Ao mesmo tempo, hoje percebo que minha visão estava intimamente ligada a determinado desequilíbrio de temperamento.

Eu sempre fora mais violento em minhas exigências negativas que nas positivas. Assim, nas relações pessoais, eu era capaz de perdoar evidente negligência mais facilmente

Luz e sombra

que o mínimo grau daquilo que considerava interferência. À mesa, eu podia perdoar flagrante insipidez na comida mais facilmente que a menor suspeita daquilo que me parecia condimentação excessiva ou inadequada. No curso da vida, eu pude tolerar qualquer fardo de monotonia com muito mais paciência do que mesmo a mais leve perturbação, contrariedade, alvoroço, ou aquilo que os escoceses chamam *kurfuffle*.

Jamais, em fase nenhuma da vida, reclamei entretenimento; sempre, e em todas as fases da vida (quando ousava), exigi veementemente não ser interrompido. O pessimismo, ou covardia, que preferiria a própria não existência mesmo à infelicidade mais sutil, era assim meramente a generalização de todas essas pusilânimes preferências. E também é verdade que, durante quase toda a minha vida, fui simplesmente incapaz de sentir o horror pelo não ser, pela aniquilação, que, digamos, o dr. Johnson sentia tão fortemente. Eu o senti pela primeira vez somente em 1947. Mas isso bem depois de eu me ter reconvertido e, assim, começado a conhecer o que é realmente a vida e o que eu perderia se não o conhecesse.

CAPÍTULO 8

Libertação

> *Quando a Fortuna quer, e na hora que escolher,*
> *Mande-nos ela consolo ou mande-nos avidez,*
> *O homem ao qual revela seu poder*
> *Vê que mais recebe, e mais a cada vez.*
>
> — Pearl

Alguns capítulos atrás, avisei o leitor de que a volta da Alegria havia introduzido em minha vida uma dualidade que torna difícil a narração. Lendo tudo o que acabei de escrever sobre Wyvern, surpreendo-me exclamando: "Mentiras, mentiras! Foi na verdade um período de êxtase. Compôs-se principalmente de momentos em que você era feliz demais para falar, em que os deuses e heróis circulavam livres e alvoroçados em sua mente, em que os sátiros dançavam e as Mênades gargalhavam pelas montanhas, em que Brunilda e Sieglinde, Deirdre, Maeve[1] e Helena lhe eram íntimos, a ponto de às

---

[1] Brunilda é uma das Valquírias, heroína da lenda dos nibelungos; Deirdre é belíssima heroína de lendas irlandesas; Maeve, ou Medb, é a lendária rainha deusa do reino irlandês de Connacht. [N. T.]

vezes você sentir que tudo isso podia comovê-lo com mera opulência". E tudo isso é verdade. Naquela Casa, havia mais duendes que calouros. Vi mais vezes as vitórias de Cuchulain do que as do time principal de críquete. Será que era Borage o Líder do Coll? Não seria Conachar MacNessa?[2] E o próprio mundo... como é que eu podia ser infeliz vivendo como vivia no Paraíso? Que raio de sol fogoso e estimulante eu não sentia! Os simples odores bastavam para deixar um homem tonto — a grama cortada, o musgo orvalhado, a ervilha-de--cheiro, as árvores no outono, a lenha queimando, a turfa, a água do mar.

Os sentidos me doíam. Ficava doente de desejo; doença melhor que a própria saúde. Tudo isso é verdade, mas não faz da outra versão uma mentira. Estou contando a história de duas vidas. Uma nada tinha que ver com a outra: azeite e vinagre, um rio correndo ao lado de um canal, Jekyll e Hyde. Mire uma só delas, e ela alegará ser a única verdade. Quando recordo minha vida exterior, vejo claramente que a outra não passa de lampejos momentâneos, momentos dourados dispersos em meses de escória, cada um deles instantaneamente engolido pelo cansaço remoto, familiar, sórdido, desesperado.

Quando recordo minha vida interior, vejo que tudo o que mencionei nos últimos dois capítulos era meramente uma cortina grosseira que a qualquer momento poderia ser aberta para revelar todo o céu que eu então conhecia. A mesma dualidade confunde a história de minha vida familiar, que devo agora abordar.

---

[2]Leprechauns são duendes travessos do folclore irlandês. Conachar MacNessa, ou Conchobar MacNessa, é lendário rei da região de Ulster, Irlanda. [N. T.]

Quando meu irmão saiu de Wyvern, sendo minha vez de lá entrar, o período clássico de nossa meninice chegava ao fim. Algo não tão bom a sucedeu, mas isso havia muito já vinha sendo preparado em lenta maturação dentro da própria era clássica. Tudo começou, como já disse, com o fato de nosso pai ficar longe de casa das nove da manhã às seis da tarde. Desde o mais tenro início, construímos para nós uma vida que o excluía. Ele, por sua vez, exigia uma confiança talvez ainda mais ilimitada do que um pai geralmente, ou sabiamente, exige. Um exemplo disso, bem cedo em minha vida, provocou efeitos duradouros.

Certa vez, estando eu ainda na escola do Velho e começando a tentar viver como cristão, escrevi uma série de regras para mim mesmo, guardando-as no bolso. No primeiro dia de férias, reparando que meus bolsos estavam cheios de todo tipo de papéis e que meu paletó era assim esgarçado, ele pegou aquela pilha de lixo e começou a ler folha por folha. Menino de tudo, eu preferia morrer a deixá-lo ver minha lista de boas resoluções. Consegui conservá-la longe do alcance dele e joguei-a no fogo. Não acho que nenhum de nós dois mereça censura por isso; mas desde aquele dia, e até a hora de sua morte, jamais entrei em sua casa sem primeiro examinar os bolsos e tirar tudo o que gostaria de manter em segredo.

Assim, esse hábito de ocultação criou-se antes mesmo de eu ter algo censurável a esconder. E na época já tinha muito. Mesmo o que não desejava esconder, não podia contar. Contar-lhe como eram de fato Wyvern ou mesmo Chartres teria sido arriscado (ele poderia escrever ao Diretor) e intoleravelmente constrangedor. Teria também sido impossível; e aqui devo tocar numa de suas características mais esquisitas.

Meu pai — mas tais palavras, no início de um parágrafo, vão levar a mente do leitor inevitavelmente a *A vida e as*

Libertação

opiniões do cavalheiro Tristram Shandy. Pensando melhor, fico contente se o fizerem. Pois esse meu tema só pode mesmo ser abordado num espírito shandeano. Tenho de descrever algo tão esquisito e excêntrico que jamais sequer passou pela cabeça de Sterne. E, se pudesse, de bom grado induziria o leitor a ter por meu pai a mesma afeição que tem por Tristram. Mas agora vamos ao fato em si.

O leitor deve ter percebido que meu pai não era nenhum bobo. Tinha até traços de gênio. Ao mesmo tempo — ali sentado em sua poltrona depois de um pesado almoço numa tarde de agosto, com todas as janelas fechadas —, tinha mais capacidade de confundir uma questão ou entender erradamente um fato que qualquer outro homem que conheci. Logo, não era possível colocar em sua cabeça nenhuma das realidades que vivíamos na escola, sobre as quais (contudo) ele seguidamente nos inquiria.

A primeira e mais simples barreira à comunicação era que, tendo feito a pergunta com sinceridade, ele não esperava a resposta ou a esquecia no momento mesmo em que ela era proferida. Alguns fatos devem ter sido perguntados e respondidos, numa estimativa modesta, uma vez por semana — e recebidos por ele, a cada vez, como completas novidades. Mas essa era a barreira mais simples. Era muito mais frequente ele gravar algo, mas algo bem diferente daquilo que você lhe dissera. Sua mente tanto borbulhava de capricho, emoção e indignação que, bem antes de ele ter compreendido ou sequer ouvido nossas palavras, alguma sugestão acidental já havia colocado em ação sua imaginação e ele já havia produzido sua própria versão dos fatos, acreditando que a obtivera de nós mesmos.

Como sempre entendia erradamente os nomes próprios (nenhum nome lhe parecia menos provável que outro), o

139

textus receptus era frequentemente quase irreconhecível. Bastava dizer-lhe que um menino chamado Churchwood capturara uma ratazana e a adotara como bichinho de estimação, que, daí a um ano, ou mesmo dez anos, ele lhe perguntaria: "Você por acaso soube o que foi feito do pobre Chickweed, aquele que tinha pavor de ratos?". Pois sua versão, uma vez adotada, era indelével, e as tentativas de corrigi-la só produziam um descrente: "Hum! Ora, não é essa a história que você *costumava* me contar".

Às vezes ele realmente assimilava os fatos que você havia dito, mas a verdade em nada se beneficiava disso. O que são fatos sem interpretação? Para meu pai era axiomático (teoricamente) que nada se dizia ou fazia com base num motivo evidente. Assim, quando meu pai contraía as sobrancelhas e aplicava ao comportamento de pessoas que ele jamais vira a operação fantasmagórica e labiríntica que ele denominava "ler nas entrelinhas", aquele que na vida real era o homem mais nobre e impulsivo, ou a vítima mais fácil que qualquer velhaco ou impostor podia esperar encontrar, tornava-se um verdadeiro Maquiavel.

Uma vez detonado o processo, ele podia aterrissar em qualquer ponto do vasto mundo, e sempre com inabalável convicção. "Já vi tudo", "Entendo perfeitamente", "É claro como o dia" — ele dizia. Então, como logo aprendemos, passava a acreditar até morrer em alguma rixa mortal, algum desdém, algum secreto pesar ou alguma maquinação imensamente complexa, que era não só improvável, mas também impossível. O fato de nós discordarmos dele era atribuído, com uma risada complacente, à nossa inocência, ingenuidade e ignorância em geral da vida. E, além de todas essas confusões, havia os cabais *non sequiturs*, quando o solo parecia se abrir sob nossos pés.

Libertação

— Será que Shakespeare escrevia seu nome com "e" final? — perguntou meu irmão.

— Acho que... — comecei a responder, quando meu pai me interrompeu:

— Duvido muito que ele *sequer* usasse a caligrafia italiana. Certa igreja de Belfast tem uma inscrição grega sobre a porta e também uma curiosa torre:

— Essa igreja é um grande marco — eu disse. — Consigo distingui-la de todo lugar; até do cume da colina Cave.

— Quanta bobagem! — disse meu pai. — Como é que você pode enxergar letras gregas a cinco ou seis quilômetros de distância?

Certa conversa, que ocorreu vários anos mais tarde, pode ser registrada aqui como exemplo perfeito dessas contínuas confusões. Meu irmão estava falando de um jantar de reencontro com os oficiais da Divisão Norte, de que participara havia pouco tempo.

— Seu amigo Collins devia estar lá — disse meu pai.

— Collins? Ah, não. Ele não estava na Divisão Norte — replicou meu irmão. (Pausa.)

— Esses companheiros então não gostavam do Collins?

— Não estou entendendo. Que companheiros?

— Os caras que organizaram o jantar.

— Ah, não. Não é nada disso. Não tem nada a ver com gostar ou não gostar. Foi só uma questão puramente divisional. Nem se cogitou convidar qualquer um que não tivesse servido na Norte.

(Longa pausa.)

— Hum! Pois tenho certeza que o coitado do Collins se sentiu muito ofendido.

Há situações em que o próprio gênio da Piedade Filial acharia difícil não deixar escapar algum sinal de impaciência.

Eu não cometeria o pecado de Cam. Nem, como historiador, reduziria uma personagem complexa a uma falsa simplicidade. O homem que, em sua poltrona, às vezes parecia não tanto incapaz de compreender qualquer coisa, quanto determinado a compreender tudo equivocadamente era formidável na vara criminal e, suponho, competente em sua profissão. Era também um humorista e, às vezes, até finamente espirituoso. Quando estava já à morte, a linda enfermeira, brincando com ele, disse o seguinte:

— Você é um velho pessimista mesmo! É igualzinho ao meu pai.

— Suponho — replicou o paciente — que ele tenha *várias* filhas.

As horas que meu pai passava em casa eram, portanto, horas de perplexidade para nós. Depois de uma noite tendo o tipo de conversa que descrevi aqui, qualquer um sente a cabeça girando como pião. Sua presença punha fim a todas as nossas ocupações inocentes, para não falar das proibidas. Situação difícil — ou melhor, desagradável — esta em que um homem é considerado intruso em sua própria casa. No entanto, como Johnson dizia: "Sensação é sensação". Tenho certeza de que não era culpa dele; creio que boa parte dela era nossa. O fato é que, cada vez mais, eu me sentia oprimido na presença de meu pai. Uma de suas qualidades mais elogiáveis colaborou para isso.

Já disse antes que ele "não posava de esnobe"; exceto durante os "sermões", ele nos tratava como iguais. A teoria era que vivíamos mais como três irmãos do que como pai e dois filhos. Essa, repito, era a teoria. Mas é claro que não era nem poderia ser assim; aliás, não deveria ter sido assim. Esse relacionamento não pode existir realmente entre meninos, de um lado, e um homem de meia-idade, de outro — homem de fortíssima personalidade e de hábitos totalmente diferentes dos deles. A pretensão de que esse relacionamento exista de fato acaba pesando como curiosa pressão sobre os filhos.

Chesterton tocou no ponto fraco de toda igualdade artificial: "Se as tias de um menino são suas amigas, não poderíamos deduzir, então, que um menino não precisa de amigos, mas apenas de tias?". Esse, claro, não era nosso problema; não queríamos amigos. Mas queríamos, sim, liberdade — mesmo que só a liberdade de andar pela casa. E a teoria de meu pai, de que éramos três meninos vivendo juntos, significava na verdade que, enquanto ele estivesse em casa, ficaríamos tão ligados a sua presença como se nós três estivéssemos acorrentados juntos. Todos os nossos hábitos eram, assim, reprimidos.

Portanto, se no verão meu pai voltava para casa inesperadamente ao meio-dia, tendo resolvido tirar uma tarde de folga, era possível que nos encontrasse com cadeiras e livros no jardim. Um pai austero, da escola mais formal, buscaria suas ocupações adultas. Não meu pai. Sentar no jardim? Excelente ideia. Mas será que nós três não ficaríamos mais à vontade no terraço? E assim para lá nos dirigíamos, depois de ele ter vestido um de seus "sobretudos leves de primavera". (Não sei quantos sobretudos ele tinha; ainda uso dois deles.)

Depois de ficar sentado ali por alguns minutos, vestido daquele jeito, num assento descoberto onde o sol do meio-dia empolava a tinta, ele não sem razão começava a suar. "Não sei o que vocês dois acham" — ele dizia —, "mas estou achando isso aqui quase quente *demais*. Que tal ir lá para dentro?" Isso significava ir para o escritório, onde mesmo a menor abertura das janelas só era permitida com relutância. Digo "permitida", mas não estava em jogo a questão de autoridade. Na teoria, tudo era decidido pelo general Vontade.

Surpreendido pela alegria

"Viva a liberdade, meninos, viva a liberdade" — ele adorava citar. "A que horas vocês vão querer almoçar?" Mas sabíamos bem que a refeição, que nos dias normais era servida à uma hora, já fora adiada, em obediência à sua preferência de longa data, para as duas ou mesmo duas e meia; e que as carnes frias que apreciávamos já haviam sido postas de lado em favor do único prato que nosso pai sempre comia voluntariamente — carne fresca cozida, ensopada ou assada, servida quente... e isso devíamos comer no meio da tarde, numa sala de jantar virada para o sul.

Durante todo o restante do dia, sentados ou caminhando, éramos inseparáveis. E o discurso (o leitor já percebeu que não seria apropriado usar o termo "conversa"), com suas confusões, com o tom (inevitavelmente) sempre fixado por ele, continuava intermitentemente até a hora de dormir. Eu seria mais vil que um cão se censurasse meu solitário pai por desejar assim a amizade dos filhos, ou mesmo se a triste resposta que lhe dei não pesasse muito em minha consciência até hoje. Mas "sensação é sensação". Era algo extraordinariamente cansativo aquilo. E, em minhas contribuições a essas conversas intermináveis — que eram de fato adultas demais para mim, anedóticas demais, predominantemente humorísticas demais —, eu me via cada vez mais ciente de uma artificialidade.

As anedotas eram, de fato, admiráveis em sua classe: casos de negócios, histórias de Mahaffy (muitas das quais descobri atribuídas a Jowett, em Oxford), histórias de fraudes engenhosas, gafes sociais, "bebedeiras" na vara criminal. Mas, reagindo a elas, eu na verdade representava. A pilhéria, a excentricidade, o tipo de humor que beira o fantástico — era essa minha linha. Eu tinha de representar. A genialidade de meu pai e minhas desobediências furtivas ajudaram a me conduzir à hipocrisia. Eu não podia "ser eu mesmo" dentro de casa. Deus que me perdoe, mas eu considerava a segunda-feira de manhã, quando ele voltava ao trabalho, a joia mais bela da semana.

Foi essa a situação que se desenvolveu durante o período clássico. Ora, depois de eu ter entrado em Wyvern, enquanto meu irmão estudava com um professor particular, preparando-se para a Academia Militar de Sandhurst, ocorreu uma mudança. Meu irmão gostara tanto de Wyvern quanto eu detestava. E havia muitas razões para tal: seu temperamento mais adaptável, um rosto que não atraía bofetadas como o meu, mas, acima de tudo, o fato de ele ter ido para lá imediatamente depois da escola do Velho, sem antes passar, como eu, por um agradável período numa escola preparatória. Qualquer escola da Inglaterra teria parecido o céu depois da do Velho. Assim, numa das primeiras cartas que escreveu em Wyvern, meu irmão me relatou o incrível fato de que você realmente podia comer à mesa (para mais ou para menos) o tanto que desejasse. Para um menino recém-saído da escola de Belsen, só isso já teria compensado quase tudo. Mas, quando chegou minha hora de entrar em Wyvern, eu já aprendera a considerar normal uma alimentação decente. E então algo terrível aconteceu.

Minha reação a Wyvern foi talvez o primeiro grande desapontamento que meu irmão vivenciara até então. Adorando o lugar como ele adorava, aguardava ansiosamente os dias em que também isso poderia ser partilhado entre nós — um *idem sentire* a respeito de Wyvern sucedendo um *idem sentire* a respeito de Boxen. Em vez disso, ele ouviu de mim blasfêmias contra todos os seus deuses, e, sobre Wyvern, que seu irmão mais novo estava a caminho de tornar-se um Bocó do Coll. A ligação imemorial entre nós dois estava em xeque, prestes a se romper.

Tudo isso se complicou cruelmente pelo fato de que as relações entre meu pai e meu irmão nunca estiveram tão ruins, nem antes nem depois, quanto nessa época; e Wyvern também estava por trás disso. Os boletins de meu irmão pioravam a cada dia, e o professor particular ao qual fora confiado confirmava seu fraco desempenho, a ponto de dizer que ele parecia não ter aprendido quase nada no colégio. Tampouco isso era tudo. Frases selvagemente sublinhadas no exemplar de meu pai de *The Lancaster tradition* revelam seus pensamentos. São trechos sobre certa insolência esmaltada, uma petulância elaborada, cruel, que o revolucionário Diretor dessa história encontrou nos veteranos da escola que ele desejava reformar. Era assim que meu pai via meu irmão nesse período: petulante, apático, desprovido dos interesses intelectuais que haviam surgido no começo de sua meninice, insensível, indiferente a todos os verdadeiros valores e insistente em sua exigência de uma motocicleta.

Foi, é claro, originalmente para nos transformar em meninos de internato que meu pai nos enviara para Wyvern, mas o produto final o espantava. Trata-se de uma tragicomédia familiar, e o leitor pode estudá-la em Lockhart. Scott trabalhou duro para fazer de seu filho um hussardo, mas, quando o hussardo de verdade lhe foi apresentado, pareceu esquecer a ilusão de ser aristocrata e tornou-se uma vez mais um respeitável advogado de Edimburgo, com fortes restrições à Afetação. O mesmo se deu em nossa família.

A pronúncia errada era uma das armas retóricas favoritas de meu pai. Ele passou a falar erradamente a primeira sílaba de Wyvern. Ainda posso ouvi-lo resmungar: "Afetação wyverniana". À medida que o tom de voz de meu irmão se tornava mais lânguido e urbanamente tedioso, também o sotaque de meu pai ficava mais rica e carregadamente irlandês, e todo tipo de estranhas músicas de seus tempos de menino, em Cork e Dublin, se insinuavam por entre as brechas da crosta belfastiana mais recente.

Durante esses tristes debates, eu ocupava uma posição extremamente infeliz. Ter-me colocado ao lado de meu pai e contra meu irmão teria sido o mesmo que me anular. Era uma oposição de partidos que ia de encontro a toda a minha filosofia de política doméstica. Tudo aquilo era muito desagradável.

Todavia, dessa "situação desagradável" (expressão muito usada por meu pai), originou-se o que ainda considero, segundo parâmetros meramente naturais, a coisa mais feliz que jamais me aconteceu. O professor particular (em Surrey) a quem meu irmão fora confiado era um dos amigos mais antigos de meu pai. Ele havia sido diretor de escola em Lurgan quando meu pai ainda era menino ali. Num tempo surpreendentemente curto, ele conseguiu reerguer e ampliar de tal forma as ruínas da educação de meu irmão, que este não só entrou em Sandhurst, mas também foi classificado entre os pouquíssimos candidatos mais bem colocados que foram premiados com bolsas de estudo. Não acredito que meu pai jamais tenha feito justiça ao feito de meu irmão. A conquista veio em uma época em que o abismo entre os dois era largo demais, e, quando novamente se tornaram amigos, o fato já se havia ocultado no passado. Mas ele viu claramente o que se provou ser a excepcional competência de seu professor.

Ao mesmo tempo, ele estava quase tão farto quanto eu do próprio nome Wyvern. E jamais deixei, por carta ou pessoalmente, de implorar que fosse tirado de lá. Todos esses fatores o levaram à decisão que enfim tomou. Não seria melhor, afinal, conceder-me meu desejo? Dar um basta de uma vez por todas no colégio e enviar-me também a Surrey, para preparar-me para a Universidade com o sr. Kirkpatrick? Ele não concebeu esse plano sem acalentar muita dúvida e hesitação. Fez o melhor que pôde para pôr-me a par de todos os riscos: os perigos da solidão, a súbita substituição da vida e da agitação de um grande colégio (mudança que eu poderia não apreciar tanto quanto ansiava) pelo efeito possivelmente embotador de viver só na companhia de um velho e sua velha esposa.

Será mesmo que eu ficaria feliz sem companheiros de minha idade? Tentei analisar essas questões com bastante seriedade. Mas tudo era impostura. Meu coração ria solto. Feliz ao lado de outros meninos? Feliz sem dor de dente, sem frieiras, feliz sem pedras nos sapatos? E assim fizeram-se os acertos. Se não houvesse outro argumento a recomendar tal decisão, a simples ideia de "jamais ser obrigado novamente a participar dos jogos" já era suficiente para me levar ao êxtase. Se o leitor quer saber como eu me sentia, imagine os próprios sentimentos ao despertar certa manhã e descobrir que o imposto de renda ou o amor não correspondido haviam de algum modo sumido do mundo.

Eu lamentaria muito se alguém viesse a achar que para mim essa aversão inabalável por fazer qualquer coisa com um taco ou uma bola fosse qualquer coisa que não um infortúnio — ou se encorajei algum leitor a pensar da mesma maneira. Não, porém, que eu conceda aos jogos qualquer das virtudes morais e quase místicas que os diretores de escola lhes atribuem. A mim parecem apenas gerar ambição, inveja e amargos sentimentos sectários, quase tão frequentemente quanto qualquer outra coisa. Ainda assim, não gostar dos jogos é um

Libertação

infortúnio, pois isso o separa da companhia de muitas pessoas excelentes, que de outra maneira não podem ser abordadas. Infortúnio, e não vício, pois é involuntário. Eu até tentara gostar dos jogos, mas fracassei. Essa inclinação não foi incluída na minha constituição; eu estava para os jogos, como diz o provérbio, assim como um burro está para a harpa. É uma verdade curiosa, observada por muitos escritores, que a boa sorte é quase sempre seguida por mais boa sorte, o mesmo valendo para a má sorte. Por volta da mesma época que meu pai decidiu enviar-me ao sr. Kirkpatrick, outro grande bem me aconteceu. Vários capítulos atrás, mencionei um menino que morava perto de nós e tentara, sem sucesso, fazer amizade comigo e com meu irmão. Seu nome era Arthur e ele era exatamente da mesma idade de meu irmão; eu e ele estudáramos em Campbell na mesma época, sem jamais nos encontrarmos. Acho que foi pouco antes do início de meu último período letivo em Wyvern que recebi uma mensagem dizendo que Arthur estava acamado, convalescente, e acolheria com gosto uma visita. Não consigo lembrar o que me levou a aceitar esse convite, mas por alguma razão acabei por fazê-lo.

Encontrei Arthur sentado na cama. Na mesa ao lado dele, via-se um exemplar de *Myths of the Norsemen* [Mitos dos nórdicos].

— *Você* gosta disso? — admirei-me.
— *Você* gosta disso? — replicou ele.

Imediatamente o livro já estava em nossas mãos, as cabeças inclinadas lado a lado, e os dois apontando, citando, conversando — logo quase gritando —, descobrindo numa torrente de perguntas que gostávamos não só da mesma coisa, mas das mesmas partes dessa coisa e do mesmo modo; que nós dois conhecíamos a ferida da Alegria e que, para ambos, a flecha fora disparada do Norte.

149

Surpreendido pela alegria

Muitos milhares de pessoas já viveram a experiência de encontrar o primeiro amigo; todavia, isso não deixa de ser um prodígio, tão grandioso quanto (com a permissão dos romancistas) o primeiro amor, ou até maior. Tal amigo então me parecia tão distante que eu jamais sequer ansiara por um; não mais do que ansiava ser rei da Inglaterra. Se eu descobrisse que Arthur havia, independentemente, construído uma réplica exata do mundo boxoniano, certamente não ficaria muito mais surpreso. Nada, desconfio, é mais desconcertante na vida de qualquer homem do que descobrir que existem pessoas muitíssimo parecidas com ele.

Durante minhas últimas semanas em Wyvern, estranhas matérias começaram a circular nos jornais, pois estávamos então no verão de 1914. Lembro que eu e um amigo ficamos perplexos diante de uma coluna que trazia o seguinte título: "Poderá a Inglaterra manter-se fora disso?".

— Manter-se fora disso?" — disse ele. — Eu não vejo como é que ela pode entrar nisso.

A lembrança pinta as últimas horas daquele período letivo com tintas levemente apocalípticas, e talvez a lembrança falhe. Ou talvez para mim fossem apocalípticas o bastante para saber que eu estava partindo para ver todas aquelas coisas odiadas pela última vez; mas não simplesmente (naquele momento) para odiá-las. Há uma "esquisitice", um quê de fantasmagórico mesmo numa cadeira de Windsor quando ela lhe diz: "Você nunca mais me verá". Logo no início das férias, a Inglaterra declarou guerra. Meu irmão, então de licença de Sandhurst, foi convocado. Algumas semanas depois, fui encontrar o sr. Kirkpatrick em Great Bookham, no condado de Surrey.

CAPÍTULO 9

O Grande Knock

Você muitas vezes encontra na natureza personagens tão extravagantes que um poeta prudente não se aventuraria a colocá-las no palco.

— Lorde Chesterfield

Num dia de setembro, depois de cruzar o mar até Liverpool e chegar a Londres, dirigi-me a Waterloo e viajei até Great Bookham. Eu já ouvira dizer que Surrey era "suburbana", e a paisagem que de fato passava velozmente pelas janelas me espantou. Eu via baixas colinas íngremes, vales cortados por riachos e terrenos arborizados que, segundo meus parâmetros wyvernianos e irlandeses, classificavam-se como florestas; samambaias por todo lado; um mundo de vermelho e castanho-avermelhado e tons de verde-amarelado. Mesmo as esparsas casas suburbanas (muito mais raras então do que hoje) me deleitavam.

Essas casas de madeira e telhas vermelhas, rodeadas de árvores, eram totalmente diferentes das monstruosidades rebocadas que formavam os subúrbios de Belfast. Onde eu esperava caminhos de pedregulho, portões de ferro e intermináveis loureiros e pinheiros, via caminhos sinuosos subindo ou descendo colinas, fechados por cancelas e ladeados por árvores frutíferas e bétulas. Analisadas por um sujeito de gosto mais apurado que o meu, talvez essas casas fossem todas desdenhadas; ainda assim, não posso deixar de pensar que as pessoas que projetaram aquelas casas e jardins atingiram seu objetivo, que era sugerir Felicidade. Infundiam em mim um desejo por aquela domesticidade que, no seu pleno desenvolvimento, eu jamais conhecera. Deixavam o admirador a sonhar com bandejas de chá.

Em Bookham, fui recebido pelo meu novo professor — "Kirk" ou "Knock", ou o Grande Knock, como eu, meu pai e meu irmão o chamávamos. Ouvíamos falar dele desde que nos conhecíamos por gente, e eu, portanto, tinha uma ideia bastante clara daquilo que me esperava. Chegava preparado para enfrentar um eterno banho morno de sentimentalismo. Era o preço que eu me dispunha a pagar pela infinita beatitude de escapar ao colégio; mas um preço caríssimo. Uma das histórias que meu pai contou, em especial, incutia em mim os pressentimentos mais constrangedores. Ele adorava contar que certa vez em Lurgan, quando estava em algum tipo de apuro ou dificuldade, o Velho Knock, ou o querido Velho Knock, o puxou de lado e, "com calma e naturalidade", para consolá-lo, passou o braço por sobre seu ombro e esfregou as queridas e velhas suíças contra o rosto jovem do meu pai, sussurrando algumas palavras de consolo... E ali estava eu em Bookham afinal, e lá estava o arquissentimental em pessoa me esperando.

Ele tinha mais de um metro e oitenta de altura e vestia-se bem desleixadamente (como um jardineiro, pensei); magro como um ancinho e imensamente musculoso. Seu rosto enrugado parecia formado inteiramente de músculos,

O Grande Knock

até onde se podia ver, pois usava bigode e suíças, com um queixo bem barbeado como o do imperador austríaco Franz Joseph. As suíças, o leitor compreenderá, interessavam-me muito naquele momento. Meu rosto já tremia de ansiedade. Será que ele começaria imediatamente? Decerto haveria lágrimas; talvez coisas piores. Desde menino carrego comigo uma fraqueza: não consigo suportar o abraço ou o beijo de outro homem. (Uma fraqueza pouco digna, aliás; Eneias, Beowulf, Roland, Lancelote, Johnson e Nelson nem sonhavam tal coisa.)

Aparentemente, porém, o velho conteve seu ímpeto. Cumprimentamo-nos com um aperto de mãos e, embora o aperto fosse como tenazes de ferro, não foi dos mais demorados. Poucos minutos depois caminhávamos para longe da estação.

— Você está agora — disse Kirk — caminhando pela principal artéria entre Great e Little Bookham.

Lancei-lhe um olhar furtivo. Seria esse preâmbulo geográfico uma piada grosseira? Ou será que ele tentava ocultar as emoções? Seu rosto, entretanto, exibia apenas uma sisudez inflexível. Comecei a "puxar conversa" do modo deplorável que havia aprendido naqueles bailes em Belfast e que de fato achava cada vez mais necessário usar com meu pai. Disse que estava surpreso diante do "cenário" de Surrey; que era muito mais "agreste" do que eu esperava.

— Espere aí! — berrou Kirk, num repente que me sobressaltou. — O que você quer dizer com "agreste" e baseado em que você não esperava ver isso?

Respondi não sei o quê, ainda "puxando conversa". Como resposta após resposta era reduzida a frangalhos, afinal me ocorreu que ele realmente queria saber. Não estava conversando fiado, nem brincando, nem me tratando mal; ele queria saber. Eu me desdobrava tentando dar uma resposta eficaz. Poucas tentativas bastaram para provar que eu não tinha uma noção clara e precisa correspondente à palavra "agreste" e que, como eu não tinha a menor noção do significado, "agreste" era um termo singularmente absurdo.

— Você não percebe, então — concluiu o Grande Knock —, que sua observação foi absurda?

Depois, já me preparava para um período de pesado silêncio, supondo que o assunto chegara ao fim. Mas jamais me equivoquei tanto na vida. Havendo analisado meus termos, Kirk passava agora a lidar com a proposição como um todo. Em que eu havia embasado (mas ele pronunciou *embassado*) minhas expectativas em relação à Flora e à Geologia de Surrey? Em mapas, fotografias, ou livros? Não pude me lembrar de nenhum. Jamais me ocorrera, valei-me Deus, que aquilo que eu chamava de pensamentos precisavam se "bassear" em qualquer outra coisa. Kirk mais uma vez tirou sua conclusão — sem o mínimo traço de emoção, mas igualmente sem a menor concessão àquilo que eu considerava bons modos:

— Você não percebe, então, que não tinha o direito de ter qualquer opinião sobre o assunto?

A essa altura já nos conhecíamos havia mais ou menos três minutos e meio, mas o tom estabelecido pela primeira conversa preservou-se sem a menor alteração durante todos os anos que passei em Bookham. Eu não poderia conceber nada mais grotescamente diferente do "querido Velho Knock" das lembranças de meu pai. Conhecendo a invariável intenção de veracidade de meu pai e conhecendo também as estranhas transformações que toda verdade sofria quando entrava em sua mente, tenho absoluta certeza de que não pretendia nos enganar. Mas, se Kirk, em qualquer momento da vida, puxou de lado um menino e "com calma e naturalidade" esfregou suas suíças no rosto dele, eu poderia também acreditar que às vezes ele variava o comportamento equilibrando-se, calma e naturalmente, de cabeça para baixo em sua venerável e lustrosa careca.

Se jamais um homem chegou perto de representar uma entidade puramente lógica, esse homem foi Kirk. Nascesse mais tarde um pouco, teria sido um positivista lógico. A ideia de que os seres humanos devessem exercitar o aparelho fonador por qualquer motivo que não fosse o de comunicar ou descobrir a verdade era para ele totalmente absurda. O comentário mais inocente era tomado por chamamento ao debate. Logo percebi os valores distintos de suas três exclamações preliminares. O forte grito — "Espere aí!" — era emitido para interromper uma torrente verborrágica que não mais podia ser tolerada um momento sequer; não porque esgotasse sua paciência (ele jamais pensou nisso), mas por ser perda de tempo que obscurecia a discussão.

O mais precipitado e menos intenso "Desculpe!" (isto é, "Desculpe-me") introduzia uma correção ou distinção meramente parentética, indicando que, desde que corrigida, sua observação ainda podia, sem maiores problemas, ser levada à conclusão. A expressão mais encorajadora de todas era "Entendo". Significava que sua observação era significativa, e requeria apenas a refutação; fora elevada à categoria de erro. A refutação (quando conseguíamos chegar tão longe) sempre seguia as mesmas linhas. Acaso eu havia lido isso? Havia estudado aquilo? Tinha porventura alguma prova estatística? Tinha alguma prova derivada da experiência? E então vinha a conclusão quase inevitável: "Você não percebe então que não tinha o direito de...?".

Alguns meninos não teriam gostado disso; para mim, era como carne boa e cerveja forte. Eu já me preparara para, em

Surpreendido pela alegria

Bookham, passar as horas de lazer em "conversas adultas". E essas conversas, como o leitor já sabe, eram algo que não me agradava. Segundo minha experiência passada, conversas adultas tratavam de política, dinheiro, mortes e digestão. Eu supunha que, quando me tornasse adulto, acabaria gostando disso, como também de mostarda e jornais — mas, até hoje, essas três expectativas ainda não se cumpriram. Os únicos dois tipos de conversa que eu queria eram a quase puramente imaginativa e a quase puramente racional; tais conversas eu tinha, de um lado, sobre Boxen com meu irmão ou sobre a Valhala[1] com Arthur, ou, de outro, com meu tio Gussie sobre astronomia.

Eu jamais poderia ter avançado muito em qualquer ciência, pois no caminho de todas elas o leão da Matemática está sempre à espreita. Mesmo na Matemática, tudo o que se podia fazer por mero raciocínio (como na geometria mais simples), eu o fazia com prazer; mas, quando entravam em cena os cálculos, eu me via impotente. Eu assimilava os princípios, mas as respostas estavam sempre erradas. Todavia, mesmo sem poder jamais ter sido um cientista, eu tinha inclinações científicas e também imaginativas, e adorava o raciocínio.

Kirk empolgava e satisfazia uma parte de mim. Pois conversávamos realmente sobre coisas que faziam sentido. Ali estava um homem que pensava não sobre você, mas sobre o que você dizia. Sem dúvida eu me irritava e me ressentia um pouco em algumas das discussões; mas, colocando tudo na balança, eu adorava o tratamento recebido. Depois de

---

[1] Mundo dos mortos dos escandinavos, para onde as Valquírias conduziam depois da morte os notáveis reis e guerreiros mortos em combate ou sacrificados a Odin. [N. T.]

ser nocauteado com bastante frequência, passei a conhecer algumas defesas e golpes, e comecei a desenvolver músculos intelectuais. No final, sem querer me gabar, tornei-me um *sparring* nada desprezível. Foi um grande dia aquele em que o homem que por tanto tempo se dedicara a revelar minha imprecisão afinal advertiu-me dos perigos da excessiva sutileza.

Se a cruel dialética de Kirk tivesse sido meramente um instrumento pedagógico, eu talvez me ressentisse dela. Mas ele não sabia conversar de outro modo. Nenhuma idade ou sexo escapava à refutação lógica. Para ele era um contínuo assombro perceber que alguém não desejava ser emendado ou corrigido. Durante uma visita domingueira, por exemplo, um vizinho bastante distinto podia observar com ar de finalidade algo como:

— Ora, ora, sr. Kirkpatrick, o mundo é composto de gente de todo tipo. O senhor é liberal, e eu sou conservador; naturalmente enxergamos as coisas de ângulos diferentes.

E a resposta de Kirk:

— O que o senhor quer dizer? O senhor por acaso quer que eu imagine liberais e conservadores, em lados opostos de uma mesa, brincando de assustar um ao outro, escondendo-se e surgindo de repente de trás de um Fato retangular?

Se um visitante distraído, na esperança de mudar logo de assunto, comentasse: "É claro. Eu sei que as opiniões diferem...", Kirk então erguia as duas mãos e exclamava: "Ah, meu Deus! Eu não tenho *opinião* nenhuma!". Uma de suas máximas prediletas era: "Você pode ter o conhecimento por nove pence, mas assim mesmo prefere a ignorância". As metáforas mais comuns eram questionadas até que alguma amarga verdade se visse forçada a abandonar seu esconderijo.

— Essas atrocidades demoníacas dos alemães...

— Mas não são os demônios ficções da imaginação?
— Muito bem; então essas atrocidades bestiais...
— Mas nenhuma das bestas que conheço faz nada parecido!
— Bom, então como é que posso chamá-los?
— Não é óbvio que devemos chamá-los simplesmente *humanos*?

O que lhe despertava supremo desprezo era a conversa de outros diretores de escola, que ele às vezes tinha de aturar em conferências quando era ainda diretor em Lurgan: "Eles vinham ter comigo e me perguntavam que atitude eu adotaria em relação a um aluno que fizesse tais e tais coisas. Bom Deus! Como se eu invariavelmente adotasse uma atitude em relação a alguém ou alguma coisa!". Algumas vezes, mas raramente, ele se via forçado a recorrer à ironia. Em tais oportunidades, sua voz ficava até mais grave que o habitual, e só a dilatação das narinas traía o segredo àqueles que o conheciam. Era assim que ele proferia sua máxima: "O Senhor de Balliol[2] é um dos seres mais importantes do universo".

É de pensar que a senhora Kirkpatrick levasse uma vida um tanto incômoda: imagine a ocasião em que seu marido, por um estranho equívoco, acabasse surgindo na sala de estar no início daquilo que sua senhora pretendia que fosse uma reunião de madames para jogar bridge. Cerca de meia hora depois, ela era vista deixando a sala, com uma expressão notável no rosto; e muitas horas depois ainda se via o Grande Knock sentado num tamborete em meio a sete senhoras idosas, suplicando que esclarecessem seus termos.

---

[2] Balliol é nome de família poderosa da região escocesa fronteiriça à Inglaterra. [N. T.]

Já disse que ele era quase totalmente lógico; mas nem tanto. Fora presbiteriano, e agora era ateu. Passava o domingo, assim como a maior parte do tempo nos dias de semana, trabalhando no jardim. Mas sobrevivera uma característica curiosa de sua juventude presbiteriana. Aos domingos, ele sempre cuidava do jardim com um traje diferente, um pouco mais respeitável. Um escocês de Ulster pode até vir a descrer em Deus, mas jamais vestiria as roupas de semana no dia santo.

Havendo dito que ele era ateu, apresso-me a acrescentar que era um "racionalista" do século 19, do tipo antigo e antiquado. Pois o ateísmo degradou-se no mundo desde aquela época e misturou-se com política, aprendendo a chapinhar na lama. O doador anônimo que hoje me envia revistas antiteístas certamente espera ferir o cristão que existe em mim, mas só fere de fato o ex-ateu. Envergonho-me ao ver que meus velhos companheiros e (muito mais significativamente) os velhos companheiros de Kirk decaíram ao nível em que hoje estão. Antes era diferente; mesmo McCabe escrevia como homem. Na época em que o conheci, o combustível do ateísmo de Kirk era principalmente do tipo antropológico e pessimista. Ele era excelente em *O ramo de ouro* e em Schopenhauer.

O leitor há de lembrar-se de que meu próprio ateísmo e pessimismo já estavam plenamente formados antes de eu chegar em Bookham. O que assimilei ali foi meramente munição nova para a defesa de uma posição já escolhida. Mesmo isso assimilei, indiretamente, da natureza da mente de Kirk ou, independentemente, da leitura de seus livros. Ele jamais atacou a religião em minha presença. É a espécie de fato que ninguém poderia deduzir de um conhecimento superficial de minha vida, mas é um fato.

Cheguei a Gastons (assim se chamava a casa de Knock) num sábado, e ele anunciou que começaria a ensinar Homero na segunda-feira. Expliquei que jamais havia lido uma palavra sequer em nenhum dialeto que não fosse o ático, supondo que, quando ele ouvisse isso, abordaria Homero com algumas aulas preliminares sobre a linguagem épica. Ele respondeu simplesmente com um som muito frequente em suas conversas, o qual só posso descrever como um "rá!" abafado. Achei essa reação um tanto inquietante e acordei na segunda-feira dizendo a mim mesmo: "Caramba! Homero, lá vou eu!". O nome me infundia espanto na alma.

Às nove horas da manhã, sentamo-nos para trabalhar no acanhado escritório do piso superior, que logo se tornou familiar para mim. Havia um sofá (no qual sentávamos lado a lado quando ele trabalhava comigo), uma mesa, uma cadeira (que eu usava quando estava só), uma estante, um aquecedor a gás e uma fotografia emoldurada do sr. Gladstone.[3] Abrimos nossos exemplares no livro I da *Ilíada*. Sem uma palavra de introdução, Knock leu em voz alta mais ou menos os primeiros vinte versos, na "nova" pronúncia, que eu jamais ouvira antes.

Como Smewgy, ele sabia recitar. A voz era menos jovial, mas seus erres plenamente guturais e vibrantes e as vogais mais variadas pareciam perfeitos para o épico da idade de ouro, assim como a voz aveludada de Smewgy era perfeita para Horácio. Pois Kirk, mesmo depois de anos de residência na Inglaterra, falava o mais puro dialeto do Ulster. Depois traduziu — com poucas, bem poucas explicações — cerca de cem versos. Eu jamais vira antes um texto clássico ministrado

---

[3]William Ewart Gladstone, político liberal britânico. [N. T.]

em goladas tão grandes. Quando terminamos, ele me passou o *Lexicon* de Crusius e — depois de recomendar que eu repassasse, até onde eu pudesse, aquilo que ele já dera — deixou o recinto. Parece um método esquisito de ensino, mas funcionou. De início, eu só conseguia avançar um trecho muito curto da trilha que ele demarcara, mas a cada dia eu avançava um pouco mais. Logo já percorria todo o caminho. Depois avançava um ou dois versos além do norte que ele fixava. Mais tarde se tornou uma espécie de jogo ver quão além eu conseguia avançar. Nessa fase, parecia-me que ele valorizava mais a velocidade que a absoluta precisão. A grande vantagem foi que logo eu conseguia compreender boa parte do texto sem traduzi-lo (nem sequer mentalmente); eu estava começando a pensar em grego. É esse o grande Rubicão a atravessar no aprendizado de qualquer língua. Aqueles em quem a palavra grega só vive enquanto a procuram no dicionário e que depois substituem-na pela palavra inglesa não estão na verdade lendo grego; estão apenas resolvendo um quebra-cabeça. A própria fórmula "*Naus* significa navio" é errada. *Naus* e *navio* significam ambas a mesma coisa, mas uma palavra não significa a outra. Por trás de *naus*, como por trás de *navis* ou *naca*, queremos ter o retrato de uma massa escura e delgada, com vela ou remos, domando as ondas, sem a intromissão de palavra alguma de outra origem.

Assim estabelecemos uma rotina que desde então funcionou na minha mente como um arquétipo, de forma que, quando falo num dia "normal" (lamentando que os dias normais sejam tão raros), quero dizer ainda um dia segundo o modelo de Bookham. Pois, se pudesse me dar esse prazer, viveria sempre como vivi ali. Preferiria sempre tomar o café da manhã exatamente às oito e já estar na escrivaninha às nove, para ler ou escrever ali até a uma. Se uma xícara de bom chá ou café me pudesse ser trazida às onze, então melhor ainda. Alguns passos lá fora para uma caneca de cerveja não teriam o mesmo efeito, pois um homem não gosta de beber sozinho, e, se você encontra um amigo no bar, o intervalo provavelmente se estende além dos dez minutos.

Precisamente à uma hora, o almoço deve estar na mesa, e antes das duas, mais tardar, eu já estaria caminhando. Não, exceto em raras ocasiões, com um amigo. Caminhar e conversar são dois prazeres excelentes, mas é um erro combiná-los. Nosso próprio nariz embota os sons e silêncios dos espaços abertos, e então adeus à natureza, no tocante a um de nossos sentidos. O único amigo com quem eu caminharia é aquele que partilha tão igualmente meu gosto por cada faceta da natureza (como Arthur, durante as férias), que um olhar, uma parada ou no máximo um cutucão já é o bastante para garantir que o prazer é partilhado.

O retorno da caminhada e a chegada do chá devem coincidir exatamente, nunca passando das quatro e quinze. O chá deve ser tomado a sós, como eu o tomava em Bookham naquelas (felizmente numerosas) oportunidades em que a senhora Kirkpatrick estava fora; o próprio Knock desprezava essa refeição. Pois comer e ler são dois prazeres que se combinam admiravelmente. É claro que nem todos os livros são apropriados à leitura durante uma refeição. Seria uma espécie de blasfêmia ler poesia à mesa. O que se quer é um livro mais leve e informal, que possa ser aberto em qualquer página. Aqueles que aprendi a ler assim em Bookham foram Boswell, uma tradução de Heródoto e a *History of English literature*, de Lang. *A vida e as opiniões do cavalheiro Tristam Shandy*, *Elia* e a *A anatomia da melancolia* também são bons para o mesmo propósito.

Às cinco horas, o homem deve estar de volta ao trabalho, até as sete. Em seguida, no jantar e depois, chega a hora de conversar, ou, sendo isso impossível, de ler algo mais leve. E, a menos que você pretenda passar a noite com os amigos (em Bookham eu não tinha nenhum), não há razão alguma para deitar-se depois das onze. Mas então quando é que um homem pode escrever suas cartas? O leitor esquece que estou descrevendo a vida feliz que levava com Kirk, ou a vida ideal que eu viveria hoje se pudesse. E é elemento essencial de uma vida feliz que o homem não tenha quase nenhuma correspondência, e jamais tema a batida do carteiro. Naqueles dias abençoados, eu recebia — e respondia — somente duas cartas por semana: uma de meu pai, que era uma questão de dever, e uma de Arthur, que era o ponto alto da semana, pois derramávamos no papel um para o outro todo o deleite que nos intoxicava a ambos. As cartas de meu irmão, então servindo o Exército, eram mais espaçadas e raras, assim como minhas respostas.

Esse é meu ideal, e essa era então (praticamente) a realidade, de uma "vida serena, tranquila, epicurista". Sem dúvida foi para meu próprio bem que geralmente me vi impedido de vivê-la, pois é uma vida quase inteiramente egoísta. Egoísta, mas não egocêntrica, pois em tal vida minha mente se fixava em mil coisas, nenhuma das quais eu mesmo. A distinção não é irrelevante. Um dos homens mais felizes — e companhia das mais agradáveis — que jamais conheci era extremamente egoísta. Por outro lado, conheci gente capaz de verdadeiro sacrifício, mas cujas vidas eram uma tristeza tanto para si quanto para os outros, pois a preocupação consigo mesmo e a autocomiseração contaminavam todo o seu pensamento. Qualquer dos extremos no final destruirá a alma. Mas, do começo ao fim, deem-me o homem que aproveita o melhor de cada coisa (mesmo à minha custa) e depois fala de outras coisas, e não o homem que me atende e fala de si mesmo, e cuja própria bondade é contínua repreensão, contínua exigência de pena, gratidão e admiração.

Kirk, é claro, não me fez ler somente Homero. Os Dois Grandes Chatos (Demóstenes e Cícero) não podiam ser evitados. Havia ainda (pura glória!) Lucrécio, Catulo, Tácito, Heródoto. Havia Virgílio, por quem eu ainda não adquirira gosto. Havia as composições em grego e latim. (É estranho que eu tenha conseguido chegar a meus cinquenta e tantos anos sem jamais ter lido uma palavra de César.) Havia Eurípides, Sófocles, Ésquilo.

Nos fins de tarde havia as aulas de francês com a senhora Kirkpatrick, ministradas do mesmo modo como seu marido lecionava Homero. Estudamos dessa forma inúmeros bons romances, e logo eu mesmo estava comprando livros em francês por conta própria. Eu esperava fazer redações em inglês, mas, fosse por ele achar que não poderia suportar meu texto, fosse por adivinhar logo que eu já era extremamente competente nessa arte (que ele muito provavelmente desprezava), Kirk jamais me passou esse tipo de exercício.

Na primeira semana, mais ou menos, ele me deu orientações sobre as leituras em inglês; mas, ao descobrir que, entregue a mim mesmo, provavelmente eu não perderia tempo, concedeu-me liberdade absoluta. Mais tarde, nossos estudos se estenderam às línguas alemã e italiana. Aqui seus métodos eram os mesmos. Depois do contato mais breve com as gramáticas e os exercícios, fui logo atirado no *Fausto* e no *Inferno*. Em italiano, saí-me bem. Em alemão, quase não tenho dúvidas de que nos sairíamos igualmente bem, desde que eu tivesse ficado com ele um pouco mais. Mas tive de partir, e meu alemão, durante toda a minha vida, nunca saiu desse nível básico. Sempre que me decidi a corrigir essa falha, alguma outra tarefa mais urgente me interrompeu.

O Grande Knock

Mas Homero tinha a prioridade. Dia após dia e mês após mês, avançávamos gloriosamente, dominando toda a *Aquileia* da *Ilíada*, e atirando longe o restante, e depois lendo toda a *Odisseia*, até que a música da coisa e o brilho claro e amargo que vive em quase toda fórmula se houvesse tornado parte de mim. Logicamente, minha avaliação era bastante romântica — a avaliação de um menino embebido de William Morris. Mas essa leve distorção salvou-me da distorção muito mais profunda do "classicismo" com que os humanistas iludiram meio mundo. Não posso, portanto, lamentar profundamente o tempo em que chamava Circe de "sábia esposa" e todo casamento de "ponto culminante".

Tudo isso já se consumiu por si só, sem deixar vestígio, e hoje posso desfrutar a *Odisseia* de uma maneira mais madura. Os descaminhos valem tanto quanto sempre valeram; o grande momento de "eucatástrofe" (como o professor Tolkien o chamaria), em que Ulisses rasga seus trapos e estica o arco, vale mais. E talvez o que hoje mais me dê prazer sejam aquelas raras famílias de Charlotte M. Yonge, em Pilos e em outros lugares. E com que acerto *sir* Maurice Powicke não diz que "Houve povos civilizados em todas as épocas"! Acrescentemos aqui que, "Em todas as épocas, eles se viram cercados de barbárie".

Entretanto, nas tardes e aos domingos, Surrey ficava à minha disposição. O condado de Down nas férias e feriados, e Surrey nos tempos de aula — era um contraste excelente. Talvez, por serem tais suas belezas, que mesmo um tolo não poderia obrigá-las a competir, isso tenha me curado de uma vez por todas da perniciosa tendência de comparar e preferir — operação que traz poucos benefícios mesmo quando tratamos de obras de arte e provoca infinito mal quando lidamos com a natureza. A total submissão é o primeiro passo rumo ao desfrute de ambos.

Surpreendido pela alegria

Fique em silêncio; abra os olhos e os ouvidos. Assimile o que está ali diante de você e não dê importância ao que poderia estar ali ou ao que está em algum outro lugar. Isso pode vir depois, caso se faça realmente necessário. (E repare que o verdadeiro treinamento para tudo o que é bom sempre prefigura e favorece o verdadeiro treinamento para a vida cristã, desde que a esta submetido. Eis uma escola em que seus trabalhos anteriores, sejam quais forem as áreas específicas, sempre poderão ser aproveitados.)

O que me extasiava em Surrey era sua complexidade. Em meus passeios na Irlanda, eu divisava amplos horizontes e alcançava uma visão geral da terra e do mar num só olhar; tentarei falar com mais detalhes sobre isso adiante. Mas em Surrey os contornos eram tortuosos, os vales, acanhados, muito estreitos; havia tantas matas, tantas vilazinhas escondidas nas florestas ou ravinas, tantos caminhos pelos campos, fundos boqueirões, desfiladeiros, arvoredos — uma variedade tão imprevisível de ranchos, casas de fazenda, quintas e mansões, que eu simplesmente não conseguia absorver mentalmente todo esse panorama. Caminhar ali diariamente dava-me a mesma espécie de prazer que existe na complexidade labiríntica de Malory ou de *A rainha das fadas*.

Mesmo quando a vista era toleravelmente ampla, como quando me sentava em Polesdan Lacey, olhando lá embaixo o vale de Leatherhead e Dorking, sempre faltava a clássica amplidão da paisagem de Wyvern. O vale virava para o sul, desembocando em outro vale; um trem passava invisível, o som abafado, num túnel na mata; o cume à frente escondia suas baías e promontórios. Isso mesmo numa manhã de verão. Mas me lembro com mais carinho das tardes de outono, nos recantos que jaziam intensamente silenciosos sob árvores antigas e altas, e especialmente do momento, perto da rua Friday, em que nossa turma (dessa vez eu não estava só) de repente descobriu, ao reconhecer um toro de formato curioso, que havia caminhado em círculo durante a última meia hora; ou de um gelado pôr do sol no cume da colina Hog's Back em Guildford.

Nas tardes de sábado, no inverno, quando o nariz e os dedos podem ficar gelados o bastante para garantir um sabor a mais ao antegozo do chá e da lareira, tendo ainda à frente toda a leitura do final de semana, acho que eu alcançava tanta felicidade quanto se pode alcançar nesta terra. Especialmente se houvesse algum livro novo e longamente cobiçado à minha espera.

Pois esqueci um detalhe. Quando falei do correio, esqueci-me de contar ao leitor que o carteiro trazia também encomendas, além das cartas. Todo homem de minha idade teve na juventude um prazer pelo qual nossos jovens podem muito bem invejá-lo: cresceu em um mundo de livros baratos e fartos. Seu exemplar da peça *Everyman* custava então um mero xelim e, o que é melhor, estava sempre em estoque; volumes das coleções *World's classic*, *Muse's library*, *Home University Library* e *Temple classic*, a série francesa de Nelson, as edições de Bohn e a "Pocket Library" da editora Longman[4] — tudo isso se encontrava por preços razoáveis. Todo dinheiro que eu conseguia economizar era gasto em vales postais à Messrs. Denny da Strand.[5]

Dia nenhum, mesmo em Bookham, era mais feliz que aquele no qual a remessa vespertina do correio me trazia um belo pacotinho em papel cinza-escuro. Milton, Spenser,

---

[4]Coleções de clássicos da literatura publicados por grandes editoras. [N. T.]
[5]Strand é uma importante via de comunicação de Londres. [N. T.]

Malory, *The high history of the holy grail*, a *Laxdale saga*, Ronsard, Chénier, Voltaire, *Beowulf* e *Sir Gawain e o cavaleiro verde*, Apuleio, o *Kalevala*, Herrick, Walton, *sir* John Mandeville, a *Arcadia* de Sidney e quase todos os de Morris chegavam, volume a volume, às minhas mãos. Algumas de minhas compras transformaram-se em decepção, e outras superaram de longe as expectativas — mas o desembrulhar do pacote sempre foi um momento delicioso. Em minhas raras visitas a Londres, eu olhava a placa da Messrs. Denny da Strand com uma espécie de reverência; tanto prazer ela me havia proporcionado...

Smewgy e Kirk foram meus dois maiores professores. Grosseiramente, pode se dizer (em linguagem medieval) que Smewgy me ensinou gramática e retórica, e Kirk, dialética. Cada um deles tinha — e deu-me — o que ao outro faltava. Kirk nada tinha da cortesia ou da delicadeza de Smewgy, e este tinha menos humor que Kirk. Era um humor saturnino. Por sinal, ele era bem parecido com o próprio Saturno — não o esbulhado rei da lenda italiana, mas o velho e austero Cronos, o próprio Pai-Tempo de foice e ampulheta. As coisas mais amargas, e também as mais engraçadas, aconteciam quando, depois de se erguer abruptamente da mesa (sempre antes dos outros), ele se punha a vasculhar, num repugnante pote de fumo sobre o consolo da lareira, as borras de fumo de cachimbo que tinha por hábito frugal reutilizar. Minha dívida para com ele é muito grande, e minha reverência permanece até hoje irrestrita.

CAPÍTULO 10

A fortuna me sorri

> *Os campos, as águas, os céus, em acordo isento*
> *Pareciam, sim, me sorrir e favorecer meu intento.*
> — Spenser

Ao mesmo tempo que troquei Wyvern por Bookham, também troquei meu irmão por Arthur como principal companheiro. Meu irmão, como sabe o leitor, servia na França. De 1914 a 1916, que é o período de Bookham, ele se transforma numa figura que — em toda a glória de um jovem oficial e com o que então parecia ilimitada riqueza — surge de licença em raras e imprevistas oportunidades, varrendo-me para a Irlanda. Luxos até então desconhecidos para mim, tais como vagões de primeira classe e carros-leitos, enchem de glória essas viagens.

O leitor entenderá que eu cruzava o mar da Irlanda seis vezes por ano desde os nove anos de idade. Assim, as licenças de meu irmão muitas vezes acresciam viagens extraordinárias. É por isso que minha lembrança está repleta de imagens de cascos de navios num grau incomum para homem tão pouco viajado. Basta-me fechar os olhos para ver, se quiser — ou às vezes mesmo sem querer —, a fosforescência da esteira do navio, o mastro imóvel contra as estrelas, embora a água passe veloz sob nós, as longas réstias de cor salmão da aurora ou do ocaso no horizonte de fria água verde-cinzenta, ou o desconcertante comportamento da terra à medida que dela você se aproxima: os promontórios que andam para recebê-lo, os complexos movimentos e o derradeiro sumiço das montanhas bem ao longe.

Essas licenças, claro, eram uma grande delícia. Já estavam no esquecimento as tensões que vinham crescendo (graças a Wyvern) antes de meu irmão partir para a França. Havia uma tácita resolução das duas partes de reviver, durante o curto tempo que tínhamos, o período clássico de nossa meninice.

Como meu irmão estava na R.A.S.C. [Unidade Logística do Exército Real Britânico, na sigla inglesa], que se considerava na época um local seguro, não nos preocupávamos exageradamente com ele, ao contrário da maioria das famílias. Talvez houvesse mais preocupação no inconsciente do que aquilo que se revelou em pensamento plenamente lúcido. Isso, pelo menos, explicaria uma experiência que tive, certamente uma vez, e quem sabe até com alguma frequência; não uma crença, nem exatamente um sonho, mas uma impressão, uma imagem mental, uma assombração, que numa gélida noite de inverno em Bookham representava meu irmão perambulando pelo jardim e chamando — ou antes tentando chamar, mas, como no Inferno de Virgílio, *inceptus clamor frustratur hiantem:* só lhe saiu um guincho de morcego. Pairava sobre essa imagem uma atmosfera que me causa repulsa tanto quanto qualquer outra que já concebi, uma combinação do macabro e do mórbido, arruinada e desesperadamente patética — o lúgubre miasma do Hades pagão.

Embora minha amizade com Arthur tivesse nascido de uma identidade ou gosto sobre um tema específico, éramos suficientemente diferentes para ajudar um ao outro. Sua vida familiar era quase o contrário da minha. Seus pais eram membros dos Irmãos de Plymouth,[1] e ele era o caçula de uma grande família; sua casa, contudo, era quase tão silenciosa quanto a nossa era barulhenta. Nessa época, ele trabalhava no negócio de um dos irmãos, mas sua saúde era delicada e, depois de uma doença ou duas, acabou se afastando do trabalho. Era homem de mais de um talento: pianista e promissor compositor, além de pintor. Um de nossos primeiros projetos era compor uma ópera para servir de trilha musical de *Loki Bound* — plano que, lógico, depois de uma vida extremamente curta e feliz, sofreu morte indolor.

Em literatura ele me influenciava mais, ou mais permanentemente, que eu a ele. Seu grande defeito era dar pouca atenção à poesia. Fiz algo para corrigir isso, mas menos do que desejava. Ele, por sua vez, lado a lado com seu amor pelo mito e pelo prodígio, que eu partilhava plenamente, tinha outra inclinação que me faltava antes de conhecê-lo — e com que, para grande benefício meu, contaminei-me por toda a vida. Era o gosto por aquilo que ele denominava "bons e sólidos livros antigos": os romancistas ingleses clássicos. É impressionante quanto eu os evitava antes de conhecer Arthur. Meu pai conseguira me convencer a ler

---

[1] Denominação cristã fundada em Plymouth, na Inglaterra, em 1830. [N. T.]

The Newcomes [A família Newcome] quando eu era ainda jovem demais para ele, e jamais voltei a provar Thackeray antes de Oxford. Até hoje ele me provoca antipatia, não porque prega, mas por pregar mal.

Dickens, eu via com um sentimento de horror, engendrado pela longa observação das ilustrações antes de aprender a ler. Ainda hoje as considero depravadas. Aqui, como em Walt Disney, não é a feiura das hediondas figuras, mas as bonecas de sorriso afetado aspirando a granjear-nos a simpatia, o que na verdade acaba por trair a intenção secreta (não que Walt Disney não seja bastante superior às ilustrações de Dickens). De Scott eu só conhecia alguns dos romances medievais, que são os mais fracos. Sob a influência de Arthur, li nessa época todos os melhores Waverleys, todos os Brontës e todos os Jane Austens. Proporcionaram-me um notável complemento a minha leitura mais fantástica, e cada gênero passou a ser mais apreciado pelo contraste que havia entre os dois.

As próprias qualidades que me haviam anteriormente impedido de ler os livros, Arthur ensinou-me a enxergá-las como encanto. O que eu teria chamado "insipidez" ou "vulgaridade", ele chamava "Simplicidade" — palavra-chave em sua imaginação. Não queria dizer meramente Domesticidade, embora essa característica estivesse também presente. Queria dizer, sim, a qualidade arraigada que vincula esses livros a todas as nossas experiências símplices, ao clima, ao alimento, à família, à vizinhança. Conseguia arrancar um prazer infinito da frase de abertura de *Jane Eyre*, ou desta outra frase de abertura de uma das histórias de Hans Andersen: "E como choveu! — não há como negar isso". A simples palavra "arroio" nos Brontës era uma festa para ele; e o mesmo se pode dizer das cenas nas salas de aula e nas cozinhas. Esse amor ao "Simples" não se restringia à literatura; ele o procurava também nas cenas ao ar livre e me ensinou a fazer o mesmo.

Até aqui, meus sentimentos pela natureza haviam sido excessiva e estritamente românticos. Eu atentava quase inteiramente ao que julgava impressionante, ou selvagem, ou misterioso, e acima de tudo distante. Para mim o céu era, e ainda é, um dos principais elementos em qualquer paisagem, e bem antes de tê-los visto nomeados e classificados em *Pintores modernos*, eu me punha muito atento às diferentes qualidades e diferentes alturas dos cirros, dos cúmulos e das nuvens de chuva.

Quanto à terra, a região em que me criei tinha tudo para estimular uma inclinação romântica, e realmente o fizera desde o momento em que olhei pela primeira vez para os inatingíveis Verdes Montes, da janela de meu quarto. Para o leitor que conhece essas paragens, bastará dizer que meu principal abrigo eram as colinas Holywood — o polígono irregular que você desenharia se traçasse uma linha de Stormont a Comber, de Comber a Newtownards, de Newtownards a Scrabo, de Scrabo a Craigantlet, de Craigantlet a Holywood, e daí por Knocknagonney e de volta a Stormont. Nem imagino como sugerir tudo isso a um estrangeiro.

Em primeiro lugar, é uma paisagem lúgubre segundo os parâmetros do sul da Inglaterra. As matas — pois temos um pouco — são de árvores baixas: sorvas, bétulas e pequenos abetos. Os campos são pequenos, divididos por regos encimados por cercas vivas rotas e queimadas pela maresia. Há boa quantidade de tojo e muitos afloramentos rochosos. As pequenas pedreiras abandonadas, cheias de água de aspecto gelado, são surpreendentemente numerosas. Quase sempre há um vento assobiando rente à relva. Onde você vê um homem arando a terra, certamente verá também gaivotas a segui-lo, bicando o sulco. Não existem carreiras nos campos nem servidão de passagem, mas isso não importa, já que todo o mundo o conhece — ou, se não o conhece, conhece seus modos e sabe que você fechará as porteiras e não pisará nas lavouras. Os cogumelos ainda se consideram propriedade comum, como o ar. O solo não tem nada do fértil chocolate ou ocre que você encontra em regiões da Inglaterra: é pálido — o que Dyson chama "antiga e amarga terra". Mas a relva é macia, rica e doce, e os ranchos — sempre caiados, de um só piso e com telhados de ardósia azulada — iluminam toda a paisagem.

Embora as colinas não sejam muito altas, o panorama que se avista delas é imenso e variado. Ponha-se de pé na extremidade nordeste, onde as encostas descem íngremes até Holywood. Abaixo de você descortina-se toda a vastidão do canal. A costa de Antrim dobra abruptamente para o norte, saindo de vista; verde, e comparativamente modesto, o condado de Down se curva para o sul. Entre os dois, o canal funde-se ao mar, e, se você olhar atentamente num dia de tempo bom, pode ver até a Escócia, quase como um fantasma no horizonte.

Agora desça mais para o sudoeste. Posicione-se no rancho isolado que se vê da casa de meu pai e domina todo o nosso subúrbio, e a que todos chamam Cabana do Pastor, embora não sejamos realmente uma região pastoril. Você continua olhando o canal lá embaixo, mas sua desembocadura e o mar estão agora ocultos pelas elevações de que acabou de chegar, e ele lhe parece (pelo que você vê) um lago interior. E aqui chegamos a um daqueles grandes contrastes que se arraigaram fundo em minha mente — Niflheim e Asgard,

A fortuna me sorri

Grã-Bretanha e Logres, Handramit e Harandra,[2] ar e éter, e o mundo inferior e o superior.

Seu horizonte daqui são os montes Antrim, provavelmente uma massa uniforme de azul-esverdeado, embora num dia ensolarado se possa distinguir na colina Cave o contraste entre, de um lado, as verdes encostas que sobem dois terços do caminho até o cume e, de outro, o paredão escarpado que perpendicularmente cobre o restante da distância. Essa é uma beleza; e de onde você está vê-se a outra, bem diferente e ainda mais ternamente querida — luz do sol, relva e orvalho, o canto dos galos e o grasnar dos patos. Entre elas, no leito plano do vale a seus pés — uma floresta de chaminés de fábricas, pontes rolantes e guindastes gigantes erguendo-se em meio a uma tumultuosa névoa —, vê-se Belfast. Um ruído contínuo sobe de lá — o chio e o guincho dos bondes, o tropel do tráfego de cavalos em calçamentos irregulares e, superando tudo, o contínuo agitar e tartarear dos grandes estaleiros. E, como ouvimos tudo isso durante toda a nossa vida, não é algo que viole a paz dos cumes; antes, a realça, enriquecendo o contraste, aguçando o dualismo.

Lá embaixo, naquela "fumaça e agitação", fica o odiado escritório ao qual Arthur, menos feliz que eu, precisa voltar amanhã — esse é apenas um de seus raros feriados que nos

---

[2]Na mitologia nórdica, Niflheim é o país dos mortos e das trevas, ao passo que Asgard é a morada dos deuses. Logres é o nome da Inglaterra em lendas arturianas e forma com a Grã-Bretanha um par antagônico no romance *Aquela fortaleza medonha*, do próprio C. S. Lewis — a Grã-Bretanha é a desordem da qual Logres é o resumo e a sublimação. Handramit e Haranda são termos cunhados pelo próprio Lewis no romance *Além do planeta silencioso* — são os nomes dados a regiões do fictício planeta Malacandra: o primeiro é um extenso cânion, enquanto o segundo é a superfície do planeta. [N. T.]

permitem ficar aqui juntos na manhã de um dia de semana. Também lá embaixo estão as velhas descalças, os bêbados entrando e saindo cambaleantes dos *spirit grocers* (o horrível substituto irlandês para o inglês, mais ameno, "pub", ou bar), os cavalos excessivamente exigidos e exaustos, as mulheres ricas e sisudas — todo o mundo que Alberich criou quando amaldiçoou o amor e moldou o ouro num anel.

Agora você verá um mundo diferente. Caminhe um pouco — apenas dois campos, cruzando uma estrada rural e subindo até o cume de uma elevação, na encosta oposta — e olhe para o sul, com uma leve guinada a leste. Depois de divisar esse panorama, duvido muito que ainda me censure por ser romântico. Pois aqui está a coisa em si, desesperadamente irresistível: o caminho ao fim do mundo, a terra do anseio, a aflição e a bênção dos corações. Você está admirando o que pode ser chamado, em certo sentido, planície de Down; além dela, é possível divisar os montes Mourne.

Foi K. — a segunda filha do primo Quartus, a Valquíria — que primeiro me explicou qual o real aspecto dessa planície de Down. Eis a receita para imaginá-la. Tome várias batatas de tamanho médio e coloque-as (uma camada somente) numa bacia de fundo chato. Agora espalhe terra sobre elas até que as próprias batatas, mas não seus contornos, estejam cobertas; e, logicamente, as gretas entre elas serão agora depressões de terra. Depois amplie todo o conjunto até que essas gretas sejam grandes o bastante para esconder cada uma seu riacho e arvoredo. E depois, para obter a cor precisa, mude a terra marrom no tecido xadrez dos campos, sempre campos pequenos (cada um com não mais que poucos acres), com toda a sua variedade habitual de lavouras, pasto e terra arada.

Agora você tem um retrato da "planície" de Down, que só é plana no sentido de que, caso fosse um gigante bem grande, você a acharia nivelada, mas bem ruim de caminhar — qual chão de pedregulhos. E agora lembre que todo rancho é branco. Toda a paisagem sorri com esses pontinhos brancos; nada me lembra mais essa paisagem do que o aglomerado de espumas brancas quando a brisa fresca varre o mar de verão. As estradas também são brancas; ainda não se vê o macadame alcatroado. E, como toda a região é uma turbulenta democracia de baixas colinas, essas estradas se espraiam por todas as direções, desaparecendo e reaparecendo. Mas você não precisa espargir sobre essa paisagem a dura luz do sol inglês; faça-a mais pálida, mais suave, borre as arestas dos cúmulos brancos, cubra-a de brilhos úmidos, aprofundando-a, deixando-a toda quimérica. E, além disso tudo, tão distantes que lhe pareçam fantasticamente abruptos, no exato limite de seu campo de visão, imagine os montes. Não são desgarrados. São, sim, íngremes e compactos, pontudos, dentados e serrilhados. Não parecem ter nada que ver com as baixas colinas e os ranchos que os separam deles. Às vezes são azuis, às vezes violeta; mas muitas vezes parecem translúcidos — como se imensas peças de gaze tivessem sido cortadas em formas de montes e penduradas ali, para que então você pudesse ver através delas a luz do mar invisível que ocultam.

Relaciono entre minhas dádivas o fato de meu pai não ter tido carro, embora a maior parte de meus amigos tivesse e me levasse às vezes para um passeio. Justo por isso, todos esses marcos distantes só podiam ser visitados o suficiente para envolvê-los em lembranças, e não em desejos impossíveis, embora permanecessem habitualmente tão inacessíveis quanto a Lua. O implacável poder de zunir por onde eu quisesse não me fora dado. Eu media as distâncias pelo parâmetro de um homem, homem que se move com seus dois pés, e não pelo parâmetro do motor de combustão interna. Não me fora permitido deflorar a própria ideia de distância; em compensação, eu possuía "infinitas riquezas" naquilo que para os motoristas não passaria de um "canto acanhado".

A verdade mais terrível que nos impõe o transporte moderno é a "aniquilação do espaço". Pois é o que faz. Aniquila uma das dádivas mais gloriosas que nos foram dadas. É uma vil inflação que reduz o valor da distância, de forma que um menino moderno viaja 150 quilômetros com menor senso de libertação, peregrinação e aventura do que seu avô alcançaria numa viagem de apenas 15 quilômetros. É claro que, se um homem detesta o espaço e quer vê-lo aniquilado, então a questão é outra. Então, por que não se deitar logo no caixão? Ali o espaço é suficientemente limitado.

Tais eram minhas delícias ao ar livre antes de conhecer Arthur, e tudo isso ele, comigo partilhando, confirmou. E, em sua busca da Simplicidade, ele me ensinou a ver também outras coisas. Não fora por ele, jamais eu teria conhecido a beleza das verduras e legumes que jogamos na panela. "Renques" — ele costumava dizer —, "simples renques de repolho numa horta — o que pode ser melhor que isso?" Ele tinha razão. Muitas vezes desviava meu olhar do horizonte só para espiarmos pelo buraco de uma cerca viva, para ver nada mais que o terreiro de um sítio na solidão do meio da manhã; e talvez um gato cinza se contorcendo para passar debaixo do portão de um celeiro; ou uma velha encurvada, com um rosto enrugado e maternal, voltando do chiqueiro com um balde vazio.

Mas o que mais gostávamos era quando o Simples e o não simples se encontravam em exata justaposição; quando uma hortinha subia um enclave íngreme e estreito de solo fértil entre rochas e tojo, ou quando se podia ver o poço gélido de uma pedreira sob o nascer da Lua à nossa esquerda, e à direita a chaminé fumarenta e a janela iluminada de um rancho que já se aquietava para a noite.

Entretanto, no continente continuava a inábil carnificina da primeira Guerra Alemã. Assim, já prevendo que provavelmente duraria até eu atingir a idade do serviço militar, fui forçado a tomar uma decisão que a lei havia tirado das mãos dos meninos ingleses de minha idade — na Irlanda não havia a figura do alistamento obrigatório. Mesmo então não me orgulhei por decidir servir, mas de fato achei que a decisão me absolvia de acompanhar o andamento da guerra. Para Arthur, cujo coração irremediavelmente o descartava, não havia tal dúvida. Portanto, consegui esquecer a guerra de um modo que algumas pessoas julgarão vergonhoso, outras, inacreditável. Outras ainda podem considerar essa atitude fuga da realidade. Mas sustento que foi antes um acordo com a realidade, a delimitação de uma fronteira. Na prática, eu disse a meu país: "Você me terá numa data já fixada, mas não antes. Morrerei em suas guerras se necessário for, mas até lá viverei minha vida. Poderá ter meu corpo, mas não minha mente. Participarei de batalhas, mas não lerei sobre elas". Se essa atitude necessita de explicações, devo dizer que um menino que é infeliz na escola inevitavelmente adquire o hábito de conservar o futuro em seu devido lugar; se começa a admitir infiltrações do próximo período letivo nas férias correntes, acaba entrando em desespero. Além disso, o Hamilton em mim sempre se preveniu contra o Lewis; já vira o bastante desse temperamento autotorturante.

Ainda que a atitude fosse correta, sem dúvida a característica minha que tanto facilitou sua adoção é um tanto repulsiva. Todavia, mesmo assim acho difícil lamentar o fato de ter escapado à assustadora perda de tempo e ânimo que implicaria ler notícias da guerra ou participar mais que artificial e formalmente das conversas sobre o assunto. Ler, sem conhecimento militar ou bons mapas, relatos de batalhas que eram distorcidos antes de chegar ao general de Divisão, e distorcidos mais ainda por ele mesmo, além de redigidos com todo elogio e gratidão pelos jornalistas; tentar gravar o que será contradito no dia seguinte; temer e esperar intensamente com base em indícios incongruentes — tudo isso é seguramente um mal emprego da mente.

Mesmo em tempos de paz, acho que estão redondamente enganados os que defendem que simples meninos devam ser incentivados a ler jornais. Quase tudo o que um menino lê lá na adolescência já terá sido reconhecido como falso em ênfase e interpretação, ou mesmo em fato, quando o mesmo menino estiver na casa dos vinte anos — e a maioria dessas informações terá perdido toda a importância. A maior parte do que estiver gravado na memória precisará, portanto, ser desaprendido. E provavelmente terá adquirido um gosto incurável pela vulgaridade e pelo sensacionalismo, e o hábito fatal de esvoaçar de parágrafo a parágrafo para ver que uma atriz se divorciou na Califórnia, um trem descarrilou na França e quadrigêmeos nasceram na Nova Zelândia.

Agora eu estava mais feliz do que jamais o fora. Toda a aflição tinha sido retirada do início das aulas. E a volta para casa ao final delas continuava tão alegre quanto antes. Os feriados eram cada vez melhores. Nossos amigos adultos, e especialmente minhas primas de Mountbracken, agora pareciam menos adultos — pois as pessoas imediatamente mais velhas diminuem ou regridem para encontrar um adolescente. Havia muitas reuniões joviais, muita conversa boa. Descobri que outras pessoas além de Arthur adoravam os livros que eu amava. As velhas e horríveis "funções sociais", os bailes, tinham chegado ao fim, pois meu pai então já me dera permissão para rejeitar os convites. Todos os meus compromissos eram agora agradáveis, circunscritos a um pequeno círculo de pessoas unidas, todas elas, por casamentos, ou vizinhos bem antigos, ou antigas colegas de escola. A timidez me impede de mencioná-los.

De Mountbracken já me vi obrigado a falar, pois a história de minha vida não poderia ser contada sem ela; além disso hesito avançar. O elogio dos amigos é quase impertinência. Não posso contar aqui ao leitor nada sobre Janie M., nem sobre sua mãe, nem sobre Bill e a esposa. Nos romances, a sociedade provinciana-suburbana é geralmente pintada em cores que vão do cinza ao preto. Não achei nada disso. Acredito que nós, gente de Strandtown e Belmont, tínhamos tanta cortesia, espirituosidade e bom gosto quanto qualquer círculo de mesmo tamanho que já conheci.

Em casa, continuava a efetiva separação e aparente cordialidade entre mim e meu pai. Todo feriado eu voltava de Kirk com meus pensamentos e meu discurso um pouco mais precisos, e isso tornava cada vez menos possível ter alguma conversa de verdade com meu pai. Eu era jovem demais e verde demais para apreciar o outro lado da moeda; para comparar a rica (embora vaga) fertilidade, a generosidade e o humor da mente de meu pai com a secura e a lucidez quase fúnebre de Kirk. Com a crueldade dos jovens, eu me irritava com particularidades de meu pai que, em outros velhos, passei a considerar adoráveis excentricidades. Havia tantos mal-entendidos inconciliáveis!

Certa vez recebi uma carta de meu irmão na presença de meu pai, carta que imediatamente ele exigiu lhe fosse mostrada. Acabou discordando de algumas expressões contidas nela sobre uma terceira pessoa. Em defesa delas, ponderei que não haviam sido ditas diretamente à pessoa. "Que bobagem!" — replicou. "Ele sabia que você me mostraria a carta, e pretendia mesmo que você a mostrasse a mim." Na realidade, como eu bem sabia, meu irmão havia tolamente apostado na hipótese de que a carta chegasse quando meu pai estivesse ausente. Mas esse era o tipo de coisa que meu pai não conseguia conceber. Ele não estava espezinhando com sua autoridade um direito à privacidade que ele desaprovava; simplesmente não podia imaginar que alguém se arrogasse tal direito.

Minhas relações com meu pai ajudam a explicar (não estou sugerindo que desculpem) um dos piores atos de minha vida. Em total incredulidade, permiti que eu fosse preparado para a confirmação, e confirmado, para a primeira comunhão, agindo como ator, comendo e bebendo de minha própria condenação. Como Johnson salienta, onde não existe coragem, nenhuma outra virtude pode sobreviver senão por acidente. A covardia me levou à hipocrisia, e a hipocrisia, à blasfêmia. É verdade que na época eu não conhecia, nem poderia conhecer, a verdadeira natureza daquilo que estava fazendo; mas sabia muito bem que estava cometendo uma mentira com a maior solenidade possível.

Parecia-me impossível contar a meu pai minhas verdadeiras concepções. Não que ele teria explodido e estourado como um pai ortodoxo tradicional. Pelo contrário: teria (inicialmente) reagido com a maior benevolência. "Vamos então discutir o assunto" — teria dito. Mas teria sido realmente impossível enfiar na cabeça dele minha verdadeira concepção. O fio da meada se perderia quase imediatamente, e, implícita em todas as citações, anedotas e reminiscências que eu teria de escutar, viria uma resposta à qual na época eu não dava o mínimo valor — a beleza da Versão Autorizada, a beleza da tradição, do sentimento e do caráter cristãos. E mais tarde, quando isso houvesse falhado, tentando eu ainda apresentar claramente meus precisos argumentos, nasceria a raiva entre nós — a fúria dele contra minha débil e impertinente tagarelice.

Tampouco o assunto, uma vez trazido à baila, jamais poderia ser esquecido. É claro que eu deveria ter ousado enfrentar tudo isso em vez de fazer o que fiz. Mas no momento a hipótese me parecia impossível. O comandante sírio foi perdoado por se encurvar na casa de Rimom. Eu sou um dos muitos que se encurvaram na casa do verdadeiro Deus, crendo que ele não fosse maior que Rimom.

Nos finais de semana e à noite eu era controlado de perto por meu pai, e considerava um fardo essa situação, pois eram os momentos em que Arthur mais frequentemente estava disponível. Os dias de semana continuavam a me proporcionar uma ração considerável de solidão. Eu tinha, é verdade, a companhia de Tim, que já deveria ter sido mencionado bem antes. Tim era nosso cachorro. Talvez ele tenha estabelecido o recorde de longevidade entre os terrieres irlandeses, pois já vivia conosco quando eu estudava na escola do Velho e só veio a morrer em 1922. Mas a companhia de Tim não significava muita coisa. Há muito já firmáramos o acordo de que ele não me acompanharia nas caminhadas. Eu andava bem mais do que ele apreciava andar, pois suas formas já lembravam na época uma almofada, ou mesmo um barril, de quatro pernas. Além disso, eu ia a lugares onde se podiam encontrar outros cachorros; e, embora Tim não fosse covarde (pois o vi lutar como um demônio em seu território), certamente odiava cachorros.

Em seus tempos de passeios, ele ficara famoso por sumir atrás de uma cerca viva assim que visse outro cachorro, ressurgindo cem metros depois. Sua mentalidade se formara durante nossos tempos de escola, e talvez ele tivesse aprendido a agir assim em relação a outros cachorros espelhando-se em nossa atitude em relação a outros meninos. Portanto, eu e ele éramos menos dono e cachorro que dois hóspedes amistosos no mesmo hotel. Encontrávamo-nos constantemente, cumprimentávamo-nos e nos despedíamos com muita cordialidade, cada um seguindo seu caminho. Acho que ele tinha um amigo da própria espécie, um *setter* de pelo avermelhado, morador da vizinhança; um cachorro de meia-idade, bastante honrado. Talvez uma boa influência, pois o pobre Tim, embora eu o amasse, era a criatura mais indisciplinada, maldotada e de aparência mais dissoluta que jamais andou sobre quatro pernas. Ele nunca chegava a obedecer de fato; no máximo podia concordar com você... às vezes.

Naquela casa vazia, eu passava prazerosamente as longas horas entre leituras e escrituras. Estava então cercado pelos Românticos. Havia em mim naquela época uma humildade (como leitor) que jamais poderei recuperar. Alguns poemas eu podia não apreciar tanto quanto outros. Mas jamais me ocorreu que fossem inferiores. Eu achava simplesmente que estava me cansando do autor, ou que não estava em meu melhor humor.

As passagens tediosas de *Endimião*, eu imputava totalmente a mim mesmo. Esforcei-me ao máximo para gostar do elemento "desmaiado" na sensualidade de Keats (como quando Porphyro fica "pálido"), mas fracassei. Eu pensava — embora não lembre por quê — que Shelley devia certamente ser melhor que Keats, e lamentava gostar menos do primeiro. Mas meu grande autor dessa fase foi William

A fortuna me sorri

Morris. Encontrei seu nome pela primeira vez em citações em livros sobre mitologia nórdica; isso me levou a *Sigurd the Volsung*. Na verdade, não cheguei a gostar tanto dessa obra quanto tentei, e acho que hoje sei por quê: o metro não agrada meus ouvidos. Mas então, na estante de Arthur, encontrei *O poço no fim do mundo*. Olhei, li os títulos dos capítulos, folheei e, já no dia seguinte, fui ao centro comprar o meu exemplar.

Como muitos passos inéditos, pareceu-me em parte uma revivescência — "Cavaleiros em Armaduras" voltando de um período bastante remoto de minha infância. Depois disso li todos os Morris que pude conseguir — *Jason*, *O paraíso terrestre* e os romances em prosa. O crescimento do novo entusiasmo foi marcado pela percepção, quase com um senso de deslealdade, de que as letras WILLIAM MORRIS começavam a ter em si uma magia pelo menos tão potente quando WAGNER.

Uma outra coisa que Arthur me ensinou foi amar o corpo dos livros. Eu sempre os havia respeitado. Meu irmão e eu podíamos serrar escadas de mão sem escrúpulo; mas deixar as impressões digitais ou orelhas nas páginas de um livro nos teria coberto de vergonha. Mas Arthur não respeitava simplesmente; ele era apaixonado, e logo eu também. A diagramação da página, a textura e o cheiro do papel, os diferentes sons que papéis diferentes fazem quando viramos as folhas — tudo se tornava prazeres sensuais. Isso me revelou um defeito em Kirk. Quantas vezes não me arrepiei ao vê-lo pegar um novo texto clássico meu nas mãos de jardineiro, virando as capas para trás até fazer ranger o papelão, deixando sua marca em cada página!

— Sim, eu me lembro — disse meu pai. — Era uma falha do velho Knock.

— Uma falha lamentável — repliquei.
— Falha praticamente imperdoável — completou.

CAPÍTULO 11

Xeque

Se a dor é máxima, o alívio está próximo.

— *Sir* Aldingar

A história da Alegria, desde que ela voltou para mim em enormes ondas de música wagneriana e mitologia nórdica e céltica já há vários capítulos, precisa agora ser atualizada. Eu já deixei prever como meu primeiro deleite com a Valhala e com as Valquírias começou a se transformar imperceptivelmente em interesse acadêmico. Avancei até onde poderia um menino que não conhecesse nenhuma língua germânica antiga. Eu poderia ter enfrentado um exame consideravelmente rigoroso nessa matéria. Riria de trabalhos canhestros que confundissem as Sagas mitológicas tardias com as Sagas clássicas, ou o Eda em prosa com o Eda em verso, ou até mesmo, e mais escandaloso, Eda com Saga. Eu conhecia os meandros do universo edaico, conseguia localizar cada uma das raízes do Freixo[1] e sabia quem o subia

---

[1] A árvore cósmica dos escandinavos. [N. T.]

ou descia. E só aos poucos vim a perceber que tudo isso era algo bem diferente da Alegria original. Continuei juntando detalhe sobre detalhe, progredindo até o momento em que "conheceria o máximo e gozaria o mínimo". Finalmente, em pleno trabalho de construção do templo, despertei para o fato de que Deus me havia fugido. É claro que não interpretei assim. Eu simplesmente diria que já não tinha a mesma empolgação de antes. Vivia a angústia wordsworthiana, lamentando que "uma glória" havia morrido.

Daí nasceu a determinação fatal de recobrar a antiga empolgação, e afinal o momento em que me vi compelido a admitir que tais esforços estavam fadados ao fracasso. Já não tinha chamariz para atrair a ave. E, agora, repare minha cegueira. Naquele momento mesmo veio à tona a lembrança de um tempo e de um lugar em que eu havia provado a Alegria perdida com plenitude incomum. Fora durante uma caminhada numa colina, em uma manhã de alva bruma.

Os outros volumes do *Anel* (*O ouro do Reno* e *A Valquíria*) haviam acabado de chegar como presente de Natal do meu pai. A ideia de toda a leitura que eu tinha pela frente, combinada ao frio e à solidão da encosta, às gotas de umidade em cada ramo e ao distante murmúrio da cidade oculta, produziram um anseio (mas também desfrute) que manava da mente e parecia envolver todo o meu corpo. Lembrava-me então dessa caminhada. Parecia-me que naquele momento eu provara o próprio céu. Quem me dera ter aquele momento de volta! Mas o que eu não percebia era que ele já havia voltado — que a lembrança daquela caminhada era ela mesma uma nova experiência exatamente do mesmo tipo.

De fato era desejo, e não posse. Mas então o que me havia invadido na caminhada também fora desejo, e posse apenas porque esse tipo de desejo é ele mesmo desejável, é a posse mais plena que podemos conhecer na terra; ou, antes, porque a própria natureza da Alegria torna absurda a distinção comum entre ter e querer. Ali, ter é querer e querer é ter. Assim, o momento mesmo em que eu ansiava por ser apunhalado novamente era ele mesmo de novo essa punhalada. O Desejável que outrora desembarcara na Valhala agora desembarcava num momento específico de meu próprio passado; e eu não o reconhecia ali porque, sendo idólatra e formalista, insistia que ele deveria surgir no templo que eu lhe havia construído, sem saber que ele só se interessa por templos em construção, jamais por templos construídos. Wordsworth, acredito, cometeu esse erro durante toda a sua vida. Tenho certeza de que todo aquele senso de perda da visão aniquilada que domina *O prelúdio* era ele mesmo uma visão da mesma espécie; bastava que o escritor tivesse acreditado nisso.

Em meu sistema de pensamento, não é blasfemo comparar o erro que eu estava cometendo com o erro que o anjo à porta do Sepulcro censurava quando disse às mulheres: "Por que buscais entre os mortos ao que vive? Ele não está aqui, mas ressuscitou". A comparação, logicamente, é entre uma coisa de infinita importância e outra bem pequena; é como a comparação entre o Sol e o reflexo do Sol numa gota de orvalho. De fato, em minha opinião, o paralelo é muito exato, pois não penso que a semelhança entre a experiência cristã, de um lado, e a meramente imaginativa, de outro, seja acidental. Acho que todas as coisas, a seu próprio modo, refletem a verdade celestial, inclusive a imaginação. "Refletir" é a palavra-chave. Essa vida inferior da imaginação não é[2] o

---

[2]Isto é, não necessariamente e pela própria natureza. Deus pode fazer dela tal início.

início da, nem um passo rumo à, vida superior do espírito, mas simplesmente uma imagem. Em mim, seja como for, não continha elemento algum fosse de crença, fosse de ética; por mais que eu a levasse adiante, ela jamais me faria nem mais sábio nem melhor. Mas ainda tinha, por maior que fosse a distância, a forma da realidade que refletia.

Se nada mais sugere tal semelhança, ela é sugerida ao menos pelo fato de podermos cometer exatamente os mesmos erros nos dois níveis. O leitor há de se lembrar que, ainda menino, eu destruíra minha vida religiosa por um subjetivismo vicioso que fazia das "claras percepções" a meta da oração, afastando-me de Deus para buscar estados mentais e tentando produzir esses estados mentais por "maestria". Com inacreditável insensatez, eu agora passava a cometer exatamente a mesma tolice em minha vida imaginativa, ou melhor, as mesmas duas tolices. A primeira fora feita no próprio momento em que reclamei que a "antiga empolgação" vinha tornando-se cada vez mais rara. Pois com essa reclamação eu furtivamente admitia a suposição de que o que eu queria era uma "empolgação", um estado de minha mente. E aí está o erro fatal.

Só quando toda a atenção e todo o desejo estão fixos em alguma outra coisa — seja uma montanha distante, seja o passado, sejam os deuses de Asgard — é que surge a "empolgação". É um subproduto. Sua própria existência pressupõe que você aspira não a ela, mas a algo diferente e exterior. Se, por alguma persistente ascese, ou pelo uso de alguma droga, ela pudesse ser gerada no interior, imediatamente se perceberia não ter ela valor algum. Pois, eliminado o objeto, o que restaria afinal? — um remoinho de imagens, uma sensação palpitante no diafragma, uma abstração momentânea. E quem quereria isso? Esse, repito, é o primeiro erro fatal, que surge em todo nível da vida (sendo igualmente fatal em todos eles), transformando a religião num luxo autoacariciante e o amor em autoerotismo.

E o segundo erro é, depois de ter equivocadamente transformado em meta um estado mental, tentar produzi-lo. Do desbotamento da Borealidade, eu deveria ter concluído que o Objeto, o Desejável, estava mais distante, que era mais exterior e menos subjetivo mesmo que uma coisa comparativamente pública e exterior como um sistema de mitologia — que ele havia, na verdade, apenas brilhado através desse sistema. Em vez disso, concluí ser um humor ou estado interior que podia surgir em qualquer contexto. Passei a empenhar-me continuamente por "tê-lo de novo"; ao ler cada poema, ouvir cada peça de música, sair para cada caminhada, eu me postava como ansiosa sentinela em minha mente, para observar se o momento abençoado me vinha e tentar retê-lo se de fato viesse.

Como eu era ainda jovem demais e todo o mundo da beleza se abria diante de mim, minhas intrusas obstruções eram muitas vezes varridas de lado e, absorto no esquecimento de mim mesmo, novamente provava a Alegria. Mas com muito mais frequência eu a espantava com a ávida impaciência por laçá-la e, mesmo quando vinha, instantaneamente eu a destruía com a introspecção e sempre a vulgarizava com a falsa suposição sobre sua natureza.

Uma coisa, porém, aprendi — lampejo que desde então me salvou de muitas confusões mentais comuns. Vim a saber, pela experiência, que não se tratava de um disfarce do desejo sexual. Certamente se equivocam aqueles que acham que, tivessem todos os adolescentes suas amantes perfeitas, logo já não ouviríamos falar de "anseios imortais". Percebi ser isso um erro pelo processo simples, embora vergonhoso, de cometê-lo seguidamente. Da Borealidade não se poderia facilmente passar às fantasias eróticas sem notar a diferença; mas, quando o mundo de Morris tornou-se frequente agente da Alegria, essa transição se tornou possível. É bastante fácil pensar que se desejavam aquelas florestas em virtude de suas habitantes femininas, o jardim de Héspero por causa de suas filhas, o rio de Hilas pelas ninfas do rio.[3] Eu repetidamente seguia esse caminho — até o final. E ao final dele estava o prazer, que imediatamente resultava na descoberta de que o prazer (seja esse ou qualquer outro) não era o que você estava procurando. Não havia nenhuma questão moral aí; nessa época eu era quase tão amoral a respeito disso quanto pode sê-lo uma criatura humana. A frustração não consistia em encontrar um prazer "inferior" em lugar do "superior". Era a irrelevância da conclusão que o estragava. O cão de caça perdera o faro. A caça errada fora pega.

Você pode tanto oferecer uma posta de carneiro a um homem que está morrendo de sede quanto um prazer sexual ao desejo sobre o qual estou falando. Eu não descartava a conclusão erótica com casto horror, exclamando: "Isso não!". Meus sentimentos poderiam, sim, expressar-se nas palavras: "Exatamente. Percebo. Mas será que não nos desviamos do principal?". A Alegria não é um substituto do sexo; o sexo é que muitas vezes funciona como um substituto da Alegria. Às vezes me pergunto se todos os prazeres não são substitutos da Alegria.

Assim, tal era o estado de minha vida imaginativa; em contraste com ela, erguia-se a vida do intelecto. Os dois

---

[3]Héspero (pai das belas Hespérides) e Hilas (arrastado pelas ninfas às profundezas das águas) são personagens da mitologia grega. [N. T.]

hemisférios de minha mente formavam acutíssimo contraste. De um lado, o mar salpicado de ilhas da poesia e do mito; de outro, um "racionalismo" volúvel e raso. Praticamente tudo o que eu amava, eu acreditava ser imaginário; praticamente tudo o que eu acreditava ser real, eu julgava desagradável e inexpressivo. As exceções eram certas pessoas (que eu amava e acreditava serem reais) e a própria natureza. Ou seja, a natureza como ela se apresentava aos sentidos. Eu ponderava incessantemente o problema: "Como é que ela pode ser tão bela e ao mesmo tempo tão cruel, extravagante e fútil?". Assim, nessa época eu quase poderia ter me aliado a Santayana, dizendo: "Tudo o que é bom é imaginário; tudo o que é real é mau". Em certo sentido, não se poderia conceber nada menos parecido com a "fuga da realidade". Eu estava tão distante da vontade imaginativa que dificilmente julgava qualquer coisa verdadeira, a menos que contradissesse meus desejos.

Dificilmente, mas nem sempre. Pois havia uma maneira pela qual o mundo, como o racionalismo de Kirk me ensinou a vê-lo, satisfazia meus desejos. Podia ser desagradável e sombrio, mas pelo menos estava livre do Deus cristão. Algumas pessoas (nem todas) vão achar difícil entender por que isso me parecia na época uma vantagem tão suprema. Mas o leitor precisa levar em conta tanto meu passado quanto meu temperamento. O período de fé que eu vivera na escola do Velho implicara boa dose de medo. E agora, analisando aquele medo, e incitado por Shaw, Voltaire e Lucrécio com seu *Tantum religio*, eu exagerava absurdamente esse elemento em minha lembrança, esquecendo os muitos outros elementos que se combinavam com ele. Eu me esforçava, a qualquer preço, por impedir que aquelas noites de lua cheia no dormitório jamais retornassem.

Era também, como talvez lembre o leitor, uma pessoa cujas exigências negativas eram mais violentas que as positivas, mais ávido por escapar à dor que por alcançar a felicidade, e considerando quase um ultraje o fato de ter sido criado sem minha permissão. Para tal covarde, o universo materialista tinha o fortíssimo atrativo de oferecer responsabilidades limitadas. Nenhum desastre estritamente infinito poderia alcançá-lo ali. A morte punha fim a tudo. E, se os desastres finitos se provassem maiores que aquilo que se podia suportar, o suicídio sempre seria possível. O horror do universo cristão era não ter nenhuma porta com a placa "Saída".

Quem sabe também não fosse irrelevante o fato de os aspectos exteriores do cristianismo não encantarem meu senso de beleza. As imagens e o estilo oriental me repugnavam fortemente; quanto ao resto, eu acreditava que o cristianismo estava francamente associado a arquitetura desproporcionada, música desagradável e poesia ruim. Para mim, o Convento de Wyvern e a poesia de Milton eram praticamente os únicos pontos em que o cristianismo e a beleza se tocavam. Mas, logicamente, o que importava mais que tudo era meu ódio arraigado da autoridade, meu monstruoso individualismo, meu desprezo pelas leis. Nenhuma palavra em meu vocabulário invocava maior ódio que *interferência*.

Mas o cristianismo dava lugar central àquilo que então me parecia um Interferente transcendental. Se essa imagem fosse verdadeira, então nenhum tipo de "acordo com a realidade" jamais seria possível. Não existia região alguma, mesmo nas profundezas mais recônditas da alma (ou menos ainda aí), que se pudesse cercar com arame farpado, pendurando uma placa de "Entrada Proibida". E era isso o que eu queria; alguma região, por menor que fosse, da qual eu pudesse dizer a todos os outros seres: "Isso é assunto meu, e somente meu".

Nesse aspecto, e só nesse de início, talvez eu tenha recorrido de fato à vontade imaginativa. Quase com toda a certeza. A concepção materialista não me teria parecido tão imensamente provável se não tivesse favorecido pelo menos um de meus desejos. Mas a dificuldade de explicar mesmo o pensamento de um menino inteiramente em termos de seus desejos está no fato de que, em questões amplas como essas, ele sempre tem desejos nos dois sentidos. Qualquer concepção da realidade que uma mente sã pode admitir deve necessariamente favorecer alguns de seus desejos e também frustrar outros deles.

O universo materialista tinha um único atrativo forte e negativo a me oferecer. Não tinha nenhum outro. Então esse tinha de ser aceito; era preciso observar uma dança incompreensível de átomos (lembre-se de que eu lia Lucrécio) para perceber que toda a beleza visível era uma fosforescência subjetiva, e relegar tudo o que se valorizava ao mundo da miragem. Esse preço eu tentava pagar fielmente. Pois havia aprendido algo com Kirk sobre a honra do intelecto e a vergonha da incoerência voluntária. E, é claro, exultava de jovialidade e orgulho vulgar diante do que julgava ser meu saber. Nas discussões com Arthur, eu era um belo fanfarrão. Na maior parte das vezes, como hoje percebo, era incrivelmente imaturo e tolo. Tinha aquela mentalidade que faz o menino julgar extremamente admirável chamar Deus de *Yahweh* e Jesus de *Yeshua*.

Analisando hoje minha vida passada, fico pasmado por não ter avançado à ortodoxia oposta — não me tornei um esquerdista, um ateísta, um intelectual satírico do tipo que todos conhecemos tão bem. Todas as condições pareciam propícias. Havia odiado o internato. Detestava tudo o que sabia ou imaginava sobre o Império Britânico. E, embora desse muito pouca importância ao socialismo de Morris (havia nele muitas outras coisas que me interessavam bem mais), a constante leitura de Shaw fez que as embrionárias opiniões políticas que eu tinha se mostrassem vagamente socialistas. Ruskin me empurrara na mesma direção.

O medo que havia muito nutria do sentimentalismo deveria ter me transformado num vigoroso "desmascarador". É verdade que eu detestava o Coletivo tanto quanto se pode detestar algo; mas certamente não percebia então suas ligações com o socialismo. Suponho que meu romantismo estava destinado a me afastar dos intelectuais ortodoxos assim que os conhecesse; e também que uma mente como a minha, tão pouco otimista em relação ao futuro e à ação coletiva, só mesmo com muito esforço poderia se tornar revolucionária.

Portanto, era esta minha posição: importar-me com quase nada além de deuses e heróis, do jardim das Hespérides, de Lancelote e do Graal, e crer em nada senão átomos, evolução e serviço militar. Às vezes a tensão era grave, mas acho que se tratava de uma gravidade benéfica. Tampouco creio que a intermitente oscilação de minha "fé" materialista (se é que posso chamá-la assim), que se estabeleceu perto do fim do período de Bookham, tenha se originado simplesmente de meus desejos. A origem foi outra.

Dentre todos os poetas que eu lia na época (li de cabo a rabo *A rainha das fadas* e *O paraíso terrestre*), um se destacava dos outros: Yeats. Eu já vinha lendo suas obras havia muito tempo quando descobri a diferença, e talvez jamais a tivesse descoberto se também não houvesse lido sua prosa: coisas como *Rosa alchemica* e *Per amica silentia lunae*. A diferença era que em Yeats eu cria. Seus "seres eternamente viventes" não eram apenas simulados ou desejados. Ele realmente acreditava que existia um mundo de seres mais ou menos como esses e que era possível o contato entre esse mundo e o nosso. De forma bem direta: ele acreditava sinceramente na magia. Sua carreira posterior como poeta obscureceu um pouco essa fase nas análises populares que se fizeram dele, mas não há dúvida quanto a esse fato — que pude verificar quando o conheci alguns anos mais tarde.

Eis um estado de coisas muito confuso. O leitor entenderá que meu racionalismo era inevitavelmente embasado naquilo que eu acreditava serem as descobertas das ciências, e, não sendo eu mesmo cientista, essas descobertas deviam necessariamente ser aceitas com base na confiança — de fato, com base na autoridade. Ora, havia então uma autoridade contrária. Se ele fosse cristão, eu teria desprezado seu testemunho, pois julgava já ter "suprimido" ou me livrado para sempre dos cristãos. Mas então descobri que existiam pessoas, não tradicionalmente ortodoxas, que assim mesmo rejeitavam de forma decisiva toda a filosofia materialista. E eu era ainda muito ingênuo. Não tinha ideia do volume de absurdos escritos e impressos no mundo.

Considerava Yeats um escritor culto e responsável: o que ele dizia devia merecer consideração. Depois de Yeats, mergulhei em Maeterlinck; com muita inocência e naturalidade, pois todo o mundo o estava lendo na época e eu fazia questão de incluir boa dose de francês em minha dieta. Em Maeterlinck, defrontei-me com o espiritualismo, a teosofia e o panteísmo. Aqui, uma vez mais, via-se um adulto responsável (e não cristão) que acreditava num mundo por trás, ou em torno, do mundo material. Porém, devo fazer-me justiça dizendo que não concordei categoricamente.

Surpreendido pela alegria

Mas uma gota de perturbadora dúvida penetrou meu materialismo. Era meramente um "talvez". Talvez (ó alegria!) houvesse, afinal de contas, "algo mais"; e talvez (ó confirmação!) nenhuma relação tivesse com a teologia cristã. Assim que estacionei naquele "talvez", inevitavelmente toda a antiga tradição ocultista e toda a velha empolgação que a inspetora de Chartres inocentemente despertara em mim acabaram voltando do passado.

Agora um perigo mais mortal era iminente. Duas coisas até então largamente separadas em minha mente atacavam juntas: o anseio imaginativo pela Alegria, ou, antes, o anseio que *era* a Alegria, e o sequioso e quase lascivo desejo pelo Oculto, o Sobrenatural. E as duas vieram acompanhadas de um (menos bem-vindo) despertar da inquietude — algo do medo imemorial que todos conhecemos na infância, e (se formos sinceros) também bem depois dessa fase.

Existe na mente uma espécie de lei da gravidade segundo a qual o bem atrai o bem, o mesmo valendo para o mal. Essa mistura de aversão e desejo atraiu a essas duas coisas tudo o que em mim era mau. A ideia de que, se houvesse de fato um conhecimento oculto, poucos o sabiam e muitos o desprezavam tornou-se um atrativo adicional; "nós poucos", o leitor lembrará, era uma expressão evocativa para mim. O fato de o meio ser a magia — a coisa mais maravilhosamente heterodoxa no mundo, heterodoxa tanto por parâmetros cristãos quanto por parâmetros racionalistas — era algo que, logicamente, fascinava o rebelde em mim.

Eu já estava familiarizado com o lado mais depravado do romantismo; havia lido *Anactória*, e Wilde, e me debruçado sobre Beardsley. Não me sentia ainda atraído, mas não fazia juízo moral algum. Agora eu julgava começar a ver o objetivo de tudo isso. Ou seja: você já teve nessa história o Mundo e a Carne; agora vinha o Diabo. Se na vizinhança morasse alguma pessoa mais velha que se interessasse por porcarias do tipo mágico (pois eles têm bom faro para possíveis discípulos), hoje eu talvez fosse satanista ou maníaco.

Mas na verdade eu estava maravilhosamente protegido disso, e essa orgia espiritual trouxe no final um resultado razoavelmente benéfico. Estava protegido, primeiro, pela ignorância e pela incapacidade. Fosse a magia possível ou não, de qualquer modo eu não tinha mestre que me iniciasse no caminho. Estava também protegido pela covardia; os pavores redivivos da infância podiam acrescentar tempero à minha avidez e curiosidade, desde que à luz do dia. Pois, sozinho e no escuro, fazia o máximo para me transformar novamente em um rígido materialista — nem sempre com sucesso. Um "talvez" já basta para agitar os nervos. Mas minha melhor proteção era a natureza conhecida da Alegria.

Esse desejo cobiçoso de romper os limites, rasgar o véu, penetrar o secreto revelava-se de forma cada vez mais clara — e quanto mais eu nele mergulhava — muito diferentemente do anseio identificado à Alegria. Sua força grosseira o traiu. De forma lenta, e com muitas recaídas, vim a perceber que a solução mágica era exatamente tão irrelevante à Alegria quanto o fora a solução erótica. Outra vez o faro se enganava. Se eu houvesse experimentado círculos, pentagramas e o Tetragrama, e se de fato eles tivessem despertado um espírito, mesmo que de maneira ilusória, isso então teria sido — se é que a coragem de um homem o suportaria — extremamente interessante; mas o verdadeiro Desejável teria me fugido; o verdadeiro Desejo, abandonado, diria: "Que interesse posso ter nisso?".

O que me agrada na experiência é a sinceridade que nela percebo. Você pode tomar quantos desvios quiser, mas basta manter os olhos bem abertos, que logo verá a placa de alerta. Talvez você se tenha enganado, mas a experiência não tenta enganar ninguém. O universo se mostra fiel sempre que você o testa com justiça.

Passo a relatar agora os outros resultados de meu vislumbre do tenebroso. Primeiro, agora eu tinha um novo motivo para desejar que o materialismo fosse verdadeiro e, ao mesmo tempo, menos confiança que isso fosse possível. O novo motivo surgiu, como o leitor já adivinhou, desses medos que eu havia tão bobamente despertado do sono desfrutado nas lembranças da infância; comportava-me como um Lewis, que não pode viver bem sozinho. Todo homem que tem medo de assombração vê um motivo para desejar ser materialista, pois tal credo promete expulsar os maus espíritos.

Quanto à minha abalada confiança, subsistia ainda na forma de um "talvez" desprovido de seu "ânimo" direta e grosseiramente mágico — a agradável possibilidade de que o Universo podia aliar, aqui e agora, o conforto do materialismo com... ora, não sei bem o quê; algo ou algum lugar além do "inimaginável abrigo de pensamentos solitários". Isso era realmente ruim. Eu começava a tentar ter duas coisas incompatíveis — os consolos tanto de um materialista quanto de uma filosofia espiritual —, sem a exatidão lógica de nenhuma delas. Mas a segunda consequência foi melhor. Havia nutrido uma benéfica antipatia a tudo o que fosse oculto e mágico — algo que me viria a ser muito útil quando, em Oxford, encontrei mágicos, espíritas e assemelhados. Não que a voraz luxúria nunca mais me voltasse a tentar, mas agora eu já a identificara como tentação. E, acima de tudo, sabia agora que a Alegria não apontava nessa direção.

Podem se computar os ganhos de todo esse período dizendo que daí em diante a Carne e o Diabo, embora ainda pudessem tentar, já não podiam oferecer-me o supremo suborno. Já aprendera que isso eles não podiam dar. E o Mundo nem sequer simulara tal poder.

Então, coroando tudo isso, em uma superabundância de misericórdia, veio o evento que já tentei mais de uma vez descrever em outros livros. Eu tinha o hábito de caminhar até Leatherhead cerca de uma vez por semana, às vezes pegando o trem na volta. No verão, eu o fazia principalmente porque Leatherhead ostentava uma minúscula piscina; melhor que não dispusesse de nenhuma, pois aprendi a nadar tão cedo que nem lembro quando, e que, até a meia--idade e antes de o reumatismo me atacar, era apaixonado por água. Mas ia também no inverno, para procurar livros e cortar o cabelo.

A noite de que trato agora foi em outubro. Eu e um cabineiro tínhamos só para nós a comprida plataforma de madeira da estação de Leatherhead. Já estava ficando escuro o suficiente para que a fumaça de um motor refletisse o brilho avermelhado da fornalha. Os montes além do vale de Dorking eram de um azul tão intenso que beirava o violeta, e o céu era verde de tão gélido. O frio intenso fazia arder as orelhas. Todo um prazeroso final de semana de leituras me aguardava. Virando-me para a banca de livros e revistas, escolhi um *Everyman* de sobrecapa poeirenta: *Phantastes: um conto de fadas*, de George MacDonald. Logo chegou o trem. Ainda me lembro da voz do cabineiro berrando os nomes das vilas, saxão e doce como uma noz — "Trem para Bookham, Effingham, Hoersley". Na mesma noite, comecei a ler meu novo livro.

As jornadas pelas matas, os inimigos fantasmagóricos, as damas boas e más da narrativa lembravam bastante as minhas fantasias costumeiras, e assim me puderam seduzir sem que eu percebesse uma mudança. É como se eu fora carregado inconsciente para além da fronteira ou como se tivesse morrido no velho país e não pudesse me lembrar de como ressuscitei no novo. Pois, em certo sentido, o novo país era exatamente igual ao velho. Ali eu encontrava tudo o que já me fascinara em Malory, Spenser, Morris e Yeats. Mas, em outro sentido, tudo mudara. Eu não sabia ainda (e demorava a aprender as coisas) o nome da nova qualidade — a sombra brilhante — que pairava nas viagens de Anodos. Hoje sei. Era a Santidade.

Pela primeira vez o canto das sereias soava como a voz de minha mãe ou minha babá. Eram contos da carochinha; não havia nada de que se orgulhar por gostar deles. Era como se a voz que me chamara do fim do mundo agora falasse ao meu lado. Estava comigo no quarto, ou mesmo em meu corpo, ou atrás de mim. Se antes se esquivava de mim pela distância, agora se esquivava pela proximidade — algo próximo demais para ver, óbvio demais para entender deste lado do conhecimento. Parecia sempre ter estado comigo; se eu conseguisse virar a cabeça rápido o bastante, poderia agarrá-la.

Agora, pela primeira vez, eu sentia que ela estava fora de alcance não por algo que eu não podia fazer, mas por algo que eu não conseguia parar de fazer. Mesmo se eu pudesse me livrar de mim mesmo, abandonar-me, anular-me, a voz continuaria ali. Enquanto isso, nessa nova região todas as confusões que até então haviam complicado a busca da Alegria foram desarmadas. Não havia a tentação de confundir as cenas da narrativa com a luz que pairava sobre elas, ou de supor que elas foram sugeridas como realidades, ou mesmo de sonhar que, se fossem realidades e eu pudesse alcançar as matas por onde Anodos viajava, eu então me aproximaria um passo de meu desejo.

Contudo, ao mesmo tempo, jamais o vento da Alegria que soprava nas histórias fora tão inseparável da própria história. Se o deus e a falácia eram quase uma só coisa, havia menos perigo de confundi-los. Assim, quando vieram os grandes momentos, eu não fugi das matas e ranchos sobre os quais lia a fim de buscar alguma luz incorpórea que brilhasse além deles. Mas gradualmente, com continuidade crescente (como o sol no meio da manhã, dissipando a neblina), encontrei a luz brilhando naquelas matas e ranchos, e depois em meu passado, e no cômodo silencioso em que eu me via sentado, e em meu velho professor quando meneava a cabeça diante de seu pequeno *Tácito*. Pois agora eu percebia que, embora o ar da nova região fizesse todas as perversões eróticas e mágicas da Alegria parecerem sórdido refúgio, não tinha tal poder desencantador sobre o pão na mesa ou os carvões na lareira. Esse era o prodígio.

Até então cada visita da Alegria transformava o mundo comum momentaneamente em um deserto — "O primeiro toque da terra chegava quase a matar". Mesmo quando nuvens ou árvores reais eram o componente material da visão, só o eram por me lembrar outro mundo; e eu não apreciava o retorno a nosso mundo. Mas agora via a sombra brilhante saindo do livro, entrando no mundo real e pairando ali, transformando todas as coisas comuns sem, no entanto, se alterar. Ou, mais precisamente, via as coisas comuns sendo engolidas pela sombra brilhante. *Unde hoc mihi?* Na profundeza das minhas ignomínias, na então inabalável ignorância de meu intelecto, tudo isso me foi dado sem questionamento, sem consentimento até. Naquela noite minha imaginação foi, em certo sentido, batizada; o restante de mim, não sem razão, demorou mais tempo. Eu não tinha a menor noção daquilo em que me envolvera ao comprar *Phantastes*.

CAPÍTULO 12

Armas e boa companhia

La compagnie de tant d'hommes vaus plaist, nobles, jeunes, actifs; la liberté de cette conversation sans art, et une façon de vie masle et sans cérémonie.

— Montaigne

O velho modelo começou a se repetir. Os tempos de Bookham, como umas férias mais longas e gloriosas, chegavam ao fim; o exame para uma bolsa de estudos e, depois disso, o Exército, avultavam-se por detrás delas qual período letivo mais rigoroso. Os bons tempos nunca foram melhores do que aqueles últimos meses. Lembro-me, em especial, dos momentos inesquecíveis de banho de mar em Donegal. Banho nas ondas: não a coisa formal que existe hoje, o surfe com pranchas, mas a brincadeira agitada na qual as ondas — monstruosas, verdes-esmeraldas, ensurdecedoras — sempre saem vencedoras. É ao mesmo tempo engraçado, terrível e prazeroso olhar para trás e ver (tarde demais) um vagalhão de proporções tão sublimes que você o teria evitado se soubesse que estava a caminho. Mas, engolindo as ondas menores, eles se formam tão de repente e imprevisivelmente quanto uma revolução.

Foi no final do período letivo do inverno de 1916 que fui a Oxford fazer o exame para a bolsa de estudos. Os rapazes que enfrentaram tal provação em tempo de paz não conseguirão imaginar facilmente a indiferença com que a encarei. Isso não significa que subestimei a importância (em certo sentido) de ser aprovado. Eu já sabia muito bem que o mundo não me oferecia muitas opções além do posto de professor universitário como forma de ganhar a vida, e que eu estava apostando tudo num jogo em que poucos ganham e centenas perdem.

Como Kirk disse de mim em uma carta a meu pai (a qual não vi, claro, senão muitos anos mais tarde): "Talvez você possa fazer dele um escritor ou acadêmico, mas nada além disso. É bom convencer-se *logo* disso". E eu mesmo o sabia; às vezes isso me apavorava. O que agora suavizava a agudeza desse fato era que, ganhando ou não uma bolsa de estudos, no ano seguinte eu entraria no Exército. E mesmo um temperamento mais otimista que o meu podia sentir em 1916 que um subalterno de infantaria seria louco se desperdiçasse o tempo se preocupando com algo tão hipotético quanto sua vida pós-guerra.

Certa vez tentei explicar isso a meu pai; era uma das tentativas frequentes (embora, sem dúvida, menos frequente do que deveria) de romper a artificialidade de nosso relacionamento, admitindo-o em minha vida real. Foi um fracasso completo. Ele redarguiu imediatamente com conselhos paternais sobre a necessidade de trabalho árduo e concentração, lembrando-me de quanto ele já gastara em minha educação e do auxílio bastante modesto, até insignificante, que mal seria capaz de me dar mais tarde.

Pobre homem! Ele me julgava muito equivocadamente se pensava que a preguiça diante dos livros estava entre meus muitos vícios. Eu me perguntava como é que ele podia esperar que a conquista ou a perda de uma bolsa de estudos não perdia nada de sua importância num momento em que a vida e a morte eram as verdadeiras questões. A verdade, penso, é que, embora a morte (minha, dele, de qualquer um) fosse algo muitas vezes vividamente visível para ele como objeto de preocupação e de outras emoções, não tinha espaço em sua mente como contingência natural a partir da qual se pudessem deduzir consequências.

Seja como for, a conversa foi um fracasso. Naufragou no velho recife. Seu intenso desejo de granjear minha total confiança coexistia com uma incapacidade de ouvir (em qualquer sentido estrito) o que eu dizia. Ele jamais conseguia esvaziar, ou calar, a mente para assim abrir espaço para um pensamento estranho.

Minha primeira impressão de Oxford foi bastante engraçada. Eu não tinha reservado acomodação e, não portando bagagem que não pudesse carregar na mão, saí a pé da estação ferroviária para encontrar ou uma pensão, ou um hotel barato; tudo na expectativa de "pináculos de sonhos" e "derradeiros encantos". A primeira decepção diante daquilo que vi pôde ser tolerada. As cidades sempre mostram sua pior face à estação. Mas eu caminhava e caminhava e cada vez mais me surpreendia. Será que aquela sucessão de lojinhas de quinta categoria poderia realmente ser Oxford? Mas assim mesmo prossegui, sempre esperando que a próxima esquina revelasse as belezas e ponderando que era uma cidade muito maior do que eu fora levado a crer.

Só quando ficou evidente que quase não havia cidade à minha frente, que estava na verdade entrando na zona rural, foi que dei meia-volta e olhei. Lá, atrás de mim, bem longe, belo como nunca mais o foi, estava o lendário amontoado de pináculos e torres. Eu saíra da estação pelo lado errado, e estivera todo o tempo caminhando naquilo que mesmo então já era o decadente e disforme subúrbio de Botley. Não percebi no momento até que ponto essa pequena aventura era uma alegoria de toda a minha vida. Simplesmente caminhei de volta até a estação, já com os pés doendo, e tomei um fiacre, pedindo para ser levado, "por favor, a algum lugar onde eu possa conseguir acomodação por uma semana".

O método, que hoje julgo arriscado, foi um sucesso completo, e logo eu estava tomando chá em confortáveis aposentos. A casa ainda hoje está de pé; é a primeira à direita quando você vira na Mansfield road pela Holywell. Eu partilhava a sala de estar com outro candidato, um homem do Cardiff College, que ele declarava ser arquitetonicamente superior a qualquer coisa em Oxford. Seu conhecimento me apavorou, mas era um homem agradável. Nunca mais o vi.

Fazia muito frio, e no dia seguinte começou a nevar, transformando-se os pináculos em enfeites de bolo de casamento. O exame foi ministrado no Salão de Oriel, e todos fizemos as provas de sobretudo pesado e cachecol, e calçando pelo menos a luva esquerda. O reitor, o velho Phelps, distribuiu as provas. Lembro-me muito pouco das questões, mas suponho que fui superado por muitos de meus rivais em estudos clássicos puros, e só fui aprovado pelo êxito nas áreas de conhecimento geral e dialética. Tive a impressão de ter ido mal. Os longos anos (ou anos que me pareceram longos) com o Knock me haviam curado da desconfiada presunção wyverniana, e já não supunha que os outros rapazes eram ignorantes do que eu sabia.

Assim, o ensaio foi sobre uma citação de Johnson. Eu havia lido várias vezes o texto boswelliano[1] de que ela fora retirada, e pude resolver toda a questão dentro desse contexto; mas jamais pensei que isso (não mais que um conhecimento apenas razoável de Schopenhauer) me valeria algum crédito especial. Seria um estado de bem-aventurança, mas, no momento, provou-se deprimente.

Ao deixar o salão depois do ensaio, ouvi um dos candidatos comentar com um amigo: "Apliquei tudo o que eu sabia sobre Rousseau e o Contrato Social". Aquilo me infundiu desânimo na alma, pois embora houvesse olhado superficialmente as *Confissões*, nada sabia do *Contrato social*. No início da manhã, um simpático ex-aluno da Harrow[2] me sussurrou, perguntando: "Nem sei se é Sam ou Ben".[3] Na minha inocência, expliquei-lhe que era Sam, e não podia ser Ben, porque Ben se grafava sem agá. Não achava que pudesse haver qualquer mal em passar esse tipo de informação.

Quando voltei para casa, contei a meu pai que tinha quase certeza de ter sido reprovado. Foi uma confissão planejada com a intenção de despertar nele tudo o que havia de terno e nobre. O homem que não podia compreender o fato de um menino levar em conta sua possível ou provável morte podia, porém, entender muito bem a decepção de uma criança. Então nada se ouviu sobre despesas e dificuldades; nada senão consolo, incentivo e afeto. Depois, quase já na

---

[1] Relativo a James Boswell, biógrafo do literato Samuel Johnson. [N.T.]
[2] Escola particular londrina só para meninos, sendo uma das mais caras e famosas de toda a Grã-Bretanha. [N.T.]
[3] Sam é Samuel Johnson, homem das letras, inglês, do século 18. Ben é Ben Jonson, dramaturgo inglês dos séculos 16 e 17. Observe que o sobrenome de Ben não tem a letra agá. [N.T.]

véspera do Natal, ficamos sabendo que a "Univ" (University College) me havia aprovado. Embora eu fosse agora um bolsista de minha faculdade, ainda tinha de passar pelos exames preliminares, que abrangiam matemática elementar. Para me preparar para as provas, voltei depois do Natal para um último período de aulas com Kirk — período magnífico, pungentemente feliz sob a sombra que se aproximava. Na Páscoa levei uma bela bomba no exame, sendo incapaz, como de costume, de fazer as somas corretamente. "Seja mais cuidadoso" — era o conselho que todos me davam, mas eu o considerava inútil. Quanto mais cuidado tomava, mais erros cometia, assim como, até hoje, quanto mais atentamente tento fazer uma cópia perfeita de um texto, maior é a certeza de cometer um erro terrível já na primeira linha.

Apesar disso, passei a morar no campus no início do período letivo de verão de 1917 (depois da Páscoa), pois o verdadeiro objetivo agora era simplesmente entrar na Unidade de Treinamento dos Oficiais Universitários, como rota mais promissora rumo ao Exército. Meus primeiros estudos em Oxford, contudo, ainda tinham por meta os exames preliminares. Tive álgebra (que o diabo a carregue!) com o velho sr. Campbell, de Hertford, que, vim a saber depois, era amigo de nossa querida amiga Janie M. É claro que nunca fui aprovado nos tais exames preliminares, mas não consigo lembrar se voltei a fazer as provas, sendo outra vez reprovado. A questão perdeu importância depois da guerra, pois um benévolo decreto eximiu os ex-combatentes de prestá-los. Do contrário, sem dúvida, eu me veria obrigado a abandonar a ideia de entrar em Oxford.

Não chegara a completar um período letivo na Univ quando meus documentos foram aprovados, selando meu alistamento; e a situação fez dele um período letivo dos mais anormais. Metade da faculdade fora convertida num hospital e estava nas mãos da R.A.M.C. [Unidade Médica do Exército Real Britânico, na sigla inglesa]. Na metade restante, vivia uma minúscula comunidade de estudantes — dois de nós ainda de idade inferior à militar, dois incapacitados, outro partidário do Sinn Fein,[4] que não queria lutar pela Inglaterra, e alguns outros que nunca consegui classificar.

Fazíamos as refeições na pequena sala de aula que hoje é a passagem entre a Sala de Recreação e o Salão. Por poucos que fôssemos (oito, mais ou menos), certamente éramos diferenciados, pois o grupo reunia nomes como E. V. Gordon, mais tarde professor de inglês em Manchester, e A. C. Ewing, o filósofo de Cambridge; também aquele homem espirituoso e amável, Theobald Butler, especialista em traduzir os versos humorísticos mais medíocres em poemas gregos. Eu me sentia muito bem ali; mas a rotina pouca semelhança guardava com a vida universitária normal, e para mim foi um período confuso, agitado e em geral inútil. Depois veio o Exército. Por uma guinada notável do destino, isso não significou a saída de Oxford. Fui enviado para um Batalhão de Cadetes cujo acantonamento ficava em Keble.

Passei pelo curso normal de treinamento (algo leve na época, comparado ao da guerra atual) e fui alocado como segundo tenente na Infantaria Leve de Somerset, o antigo 13.º Regimento de Infantaria. Cheguei às trincheiras da frente de batalha em meu décimo nono aniversário (novembro de 1917), servi a maior parte do tempo nas vilas próximas

---

[4]Movimento e partido político que busca uma Irlanda republicana e unificada, hoje ligado ao IRA (Exército Republicano Irlandês). [N. T.]

a Arras — Fampoux e Monchy — e fui ferido no monte Bernenchon, perto de Lillers, em abril de 1918. Fiquei surpreso por não desgostar mais do Exército. Foi, é claro, detestável. Mas as palavras "é claro" aliviaram o aguilhão. É nisso que ele diferia de Wyvern. Ninguém era obrigado a gostar. Ninguém dizia que você deveria gostar. Ninguém fingia gostar. Todos os que você encontrava ali tinham por certo que tudo aquilo era uma odiosa necessidade, uma horrível interrupção da vida racional. E isso fazia toda a diferença. A tribulação evidente é mais fácil de suportar que a tribulação que se alardeia prazerosa. Aquela gera camaradagem e até (quando intensa) uma espécie de amor entre os companheiros de provação; esta, desconfiança generalizada, cinismo dissimulado e aflitivo ressentimento.

Além disso, achei meus superiores incomparavelmente mais tratáveis que os veteranos de Wyvern. Isso sem dúvida porque os homens de trinta são mais gentis com os de dezenove do que estes com os meninos de treze: são realmente adultos e não precisam de autoafirmação. Mas me inclino a pensar que meu rosto se havia modificado. Aquela "cara" que tantas vezes provocava despeito nos outros aparentemente sumira — talvez depois de ler *Phantastes*. Há ainda mais indícios de que ela tenha sido substituída por um olhar que despertasse pena ou sorriso gentil. Assim, ainda na minha primeira noite na França, sob uma grande tenda ou salão de treinamento em que cerca de cem oficiais dormiam em camas de tábua, dois canadenses de meia-idade imediatamente decidiram cuidar de mim, tratando-me não como filho (pois isso poderia ferir-me o orgulho), mas como um amigo que há muito não se vê. Abençoados sejam!

Certa vez, também, no Clube dos Oficiais de Arras, onde eu jantava só e bem satisfeito com meu livro e meu vinho (uma garrafa de Heidsieck custava então oito francos, e uma de Perrier Jouet, doze), dois oficiais de postos infinitamente superiores, todos cobertos de condecorações e insígnias vermelhas, vieram à minha mesa perto do fim da refeição e, saudando-me como "sorridente Jim", levaram-me à mesa deles para umas doses de conhaque e alguns charutos. Não estavam bêbados, nem me deixaram embriagado. Foi pura boa vontade. E, embora aquilo fosse excepcional, não era exageradamente excepcional. No Exército havia gente detestável, mas a lembrança preenche aqueles meses com contatos agradáveis e transitórios. A cada poucos dias parecia que se encontrava um especialista, um excêntrico, um poeta, um alegre humorista, um contador de casos ou pelo menos um homem de boa vontade.

No meio daquele inverno, tive a sorte de cair de cama com o que as tropas chamavam "febre da trincheira" — para os médicos, P.U.O. (pirexia de origem desconhecida, na sigla inglesa) — e fui enviado para um hospital em Le Tréport, ficando ali por um maravilhoso período de três semanas. Talvez eu já devesse ter mencionado antes que desde criança tinha um peito doentio, e aprendera bem cedo a fazer da mais leve enfermidade um dos prazeres da vida, mesmo em tempos de paz. Ora, como alternativa às trincheiras, um leito e um livro eram "o próprio céu".

O hospital era um hotel adaptado, e ficávamos dois em um quarto. Minha primeira semana viu-se prejudicada porque uma das enfermeiras do turno da noite estava tendo um ardente caso de amor com meu colega de quarto. Minha febre era alta demais para que eu me sentisse constrangido, mas o sussurro humano é um ruído muito tedioso e antimusical, especialmente à noite. Depois disso minha sorte mudou. O homem amoroso foi enviado para outro lugar e substituído por um misógino musical de Yorkshire, que, em nossa segunda manhã juntos, disse o seguinte: "Eh, rapaz, se nós mesmos fizermos a cama, aquelas mulheres não vão ficar no quarto tanto tempo". Assim, passamos cada um a arrumar sua cama todo dia, e a cada dia, quando as duas enfermeiras olhavam para dentro, diziam: "Ah, eles já arrumaram as camas! Não são ótimos esses dois?" — recompensando-nos com os sorrisos mais radiantes. Acho que atribuíam nosso ato ao galanteio.

Foi aqui que li pela primeira vez um volume dos ensaios de Chesterton. Jamais ouvira falar dele e não tinha a menor ideia do que ele representava; tampouco posso explicar por que ele me conquistou tão prontamente. Talvez fosse de esperar que meu pessimismo, ateísmo e ódio do sentimentalismo fizessem dele para mim o menos atraente de todos os escritores. Parece até que a Providência, ou alguma "causa secundária" de uma espécie bem obscura, supera nossas inclinações anteriores quando decide aproximar duas mentes.

Gostar de um autor pode ser tão involuntário e improvável como se apaixonar. Eu já era então um leitor suficientemente experiente para distinguir gosto de concordância. Não precisava aceitar o que Chesterton dizia para gostar do que ele escrevia. Seu humor é do tipo que mais me agrada — não "piadas" incrustadas na página como passas num bolo, e menos ainda (o que nem consigo suportar) um tom genérico de irreverência e jocosidade; mas o humor que não é de modo algum separável do argumento, e sim (como diria Aristóteles) a "florescência" na própria dialética. A espada brilha não porque o espadachim decide fazê-la brilhar, mas porque está lutando pela vida e, portanto, movimentando-a bem agilmente.

Dos críticos que julgam Chesterton frívolo ou "paradoxal", preciso muito me esforçar mesmo para sentir dó; a solidariedade está totalmente descartada. Além do mais, por estranho que pareça, gostei dele por sua virtude moral. Posso atribuir livremente esse gosto a mim mesmo (ainda naquela idade) porque era um gosto pela virtude moral que em nada dizia respeito a qualquer tentativa de ser eu mesmo virtuoso. Jamais senti aversão pela virtude moral, que parece tão comum em homens melhores que eu. "Complacente" e "complacência" eram termos de desaprovação que jamais haviam tido espaço em meu vocabulário crítico. Faltava-me o faro cínico, a *odora canum vis*, ou sensibilidade do sabujo, pela hipocrisia ou pelo farisaísmo. Era uma questão de gosto: sentia o "charme" da virtude moral como um homem sente o charme de uma mulher que não pretende esposar. É, na verdade, a determinada distância que seu "charme" é mais visível.

Na leitura de Chesterton, como na de MacDonald, eu não sabia aquilo em que me estava enredando. O jovem que deseja se conservar ateu ortodoxo não pode ser seletivo demais nas leituras. As ciladas estão em toda parte — "Bíblias abertas, milhões de surpresas", como diz Herbert, "finas malhas e armadilhas". Deus é, se é que posso dizê-lo, muito inescrupuloso.

Em meu batalhão também fui atacado. Ali encontrei certo Johnson (Deus o tenha) que teria sido amigo para a vida toda, caso não tivesse morrido cedo. Era, como eu, já bolsista de uma faculdade de Oxford (Queen) e esperava retomar sua bolsa depois da guerra. Era também poucos anos mais velho que eu e já comandava uma companhia. Nele encontrei a agudeza dialética que até então só conhecera em Kirk, mas conjugada à juventude, ao capricho e à poesia. Inclinava-se então ao teísmo, e tínhamos infindáveis discussões sobre esse e qualquer outro tema sempre que nos encontrávamos fora da linha de frente. Mas não era isso o que importava, e sim o fato de ser ele homem consciencioso. Até então, praticamente não havia encontrado princípios em ninguém tão próximo de minha idade e espécie. O alarmante era que ele encarava tal coisa com extrema naturalidade.

Pela primeira vez me ocorreu, desde minha apostasia, que as virtudes mais rígidas talvez pudessem ter alguma relevância à vida de uma pessoa. Digo "virtudes mais rígidas" porque eu já tinha alguma noção da bondade e da fidelidade aos amigos, e da liberalidade em relação ao dinheiro — pois quem não as tem até encontrar as tentações que dão a todos os seus vícios contrários nomes novos e mais educados? Mas não me havia ocorrido seriamente ainda que pessoas como nós — gente como Johnson e eu, que queríamos saber se a beleza era objetiva, ou saber como Ésquilo lidara com a reconciliação entre Zeus e Prometeu — deveriam se esforçar por alcançar estrita veracidade, modéstia e devoção ao dever. Eu tinha para mim que esses não eram nossos temas.

Não havia discussão entre nós sobre a questão, e não acho que ele jamais tenha suspeitado da verdade a meu respeito. Eu não me esforçava nem um pouco por revelá-la. Se isso é hipocrisia, então devo concluir que a hipocrisia pode fazer bem ao homem. Envergonhar-se daquilo que você estava prestes a dizer, fingir que algo que disse com sinceridade não passou de brincadeira — eis algo desonroso. Mas é melhor do que simplesmente não se envergonhar de nada. E a distinção entre, de um lado, fingir que você é melhor do que é e, de outro, começar a ser de fato melhor é mais sutil do que julgam os guardiães da moral.

Eu estava, intencionalmente, ocultando somente uma parte: aceitava esses princípios de imediato; no íntimo não fazia tentativa alguma de defender minha "vida não analisada". Quando um homem rústico entra na sociedade das pessoas corteses, o que pode fazer, por algum tempo, senão imitar os movimentos? Como pode aprender senão por imitação?

O leitor já terá adivinhado que nosso batalhão era excepcionalmente bom; uma minoria de bons soldados de carreira comandando um conjunto agradavelmente heterogêneo de praças promovidos (esses, fazendeiros dos condados do sudoeste da Inglaterra), advogados e universitários. Ali se podia ter uma conversa tão boa quanto em qualquer outro lugar. Quem sabe o melhor de todos nós fosse nosso "cristo", Wallie.

Wallie era fazendeiro, católico, soldado dedicado (o único homem, dos que conheci, que de fato desejava ardentemente combater) e crédulo ao extremo mesmo diante do oficial subalterno mais inexperiente. A técnica era criticar a cavalaria da pequena burguesia rural britânica. O pobre Wallie sabia que era ela a mais corajosa, eficiente, combativa e íntegra das unidades que já montaram cavalos. Sabia disso no íntimo, tendo aprendido tudo com um tio que fazia parte dessa cavalaria quando ele era ainda criança. Mas não conseguia se expressar. Gaguejava, contradizia-se e sempre recorria afinal a seu único trunfo: "Quem me dera meu tio Ben estivesse aqui para falar com vocês. O tio Ben lhes diria a verdade. Ah, se diria!".

Os mortais não devem julgar; mas duvido que, dentre os homens que lutaram na França, algum outro tivesse maior probabilidade de ir direto para o Céu se fosse morto em combate. Em vez de zombar dele, melhor teria sido se eu me dedicasse a limpar suas botas. Posso acrescentar que não gostei do tempo que passei na companhia comandada por ele. Wallie tinha uma verdadeira paixão por matar alemães e um completo desrespeito pela segurança não só sua, mas dos outros. Estava sempre arquitetando ideias brilhantes, diante das quais nós, os oficiais subalternos, ficávamos arrepiados. Por felicidade, era bem facilmente dissuadido por qualquer argumento plausível que nos ocorresse.

Tais eram sua coragem e sua inocência, que jamais, nem por um instante, desconfiava de qualquer motivo nosso que não fosse militar. Jamais poderia assimilar os princípios da boa vizinhança que, pelo acordo tácito das tropas, sabia-se governar a guerra de trincheiras e aos quais fui apresentado imediatamente por meu sargento. Eu havia sugerido "despachar" uma granada de rifle contra uma posição alemã, onde víramos cabeças se mexendo. O sargento replicou: "Como o sinhô quisé. Só que assim que o sinhô começá a fazê esse tipo de coisa, a gente vai começá a levá bomba também, sabe?".

Não devo retratar o período de combates no Exército como tempos dourados. Conheci ali tanto o Mundo quanto a grande deusa Bobagem. O mundo apresentou-se de forma bastante ridícula na noite (meu aniversário de 19 anos) em que cheguei "lá na linha". Ao sair do túnel que levava ao abrigo subterrâneo, pestanejando diante da luz da vela, notei que o capitão ao qual me apresentava era um professor de quem eu mais gostara numa das escolas por que passei. Arrisquei-me a dizer que o conhecia. Ele admitiu numa voz baixa, inquieta, que fora mesmo professor, e nunca mais voltamos a tocar no assunto.

O impacto da Grande Deusa foi ainda mais engraçado, e a encontrei bem antes de alcançar meu batalhão. O trem militar que partia de Rouen — aquele trem interminável, que viajava a menos de 20 quilômetros por hora e no qual não se viam dois vagões iguais — saía perto das 10 horas da noite. Eu e outros três oficiais ficamos numa cabine. Não havia aquecimento; luz só das velas que nós mesmos levávamos; e, para sanitários, as janelas. A viagem duraria cerca de quinze horas. O frio era enregelante. No túnel, logo à saída de Rouen (toda a minha geração há de lembrá-lo), ouviu-se um súbito e violento rangido e uma de nossas portas caiu lá fora na escuridão. Ficamos ali sentados, tiritando de frio, até a parada seguinte, quando o oficial no comando do trem chegou correndo, perguntando o que havíamos feito com a porta.

— Caiu, senhor — dissemos.

— Não falem bobagem — replicou ele. — Ela não cairia se vocês não fizessem alguma palhaçada! — como se nada fosse mais natural que quatro oficiais (munidos, é claro, de chaves de fenda) começarem uma viagem noturna no meio do inverno removendo a porta do próprio vagão.

Sobre a guerra em si — já tantas vezes relatada por gente que presenciou mais dela que eu —, devo falar pouco aqui. Até o grande ataque alemão na primavera, vivemos um período incrivelmente calmo. E mesmo então eles atacaram não nossas posições, mas as dos canadenses que estavam à nossa direita, simplesmente "mantendo-nos calados" com saraivadas contra nossa linha ao ritmo de três bombas por minuto — durante todo o dia.

Acho que foi nesse dia que reparei como um pavor maior reduz o menor à insignificância: um rato que vi (um pobre ratinho tiritante, assim como eu não passava de um pobre homem tiritante) nem tentou fugir de mim. Ao longo do inverno, o cansaço e a água eram nossos principais inimigos. Consegui dormir marchando, despertaram-me e surpreendi-me ainda marchando. O soldado andava nas trincheiras em botas de borracha de cano alto, com água acima do joelho;

impossível não lembrar a torrente gelada enchendo a bota quando você a perfurava num arame farpado.

A familiaridade tanto com os mortos muito antigos quanto com os muito recentes confirmava aquela ideia de cadáver que eu concebera no momento em que vi minha mãe morta. Passei a conhecer, a prantear, a respeitar o homem comum: especialmente o querido sargento Ayres, que (suponho) foi morto pela mesma granada que me feriu. Eu era um oficial fútil (distribuíam-se patentes com excessiva facilidade na época), um fantoche manipulado por ele, que acabou transformando essa relação ridícula e dolorosa em algo belo; tornou-se para mim quase um pai.

Mas, quanto ao resto, a guerra — os sustos, o frio, o cheiro dos explosivos, os homens horrendamente mutilados se movendo como besouros meio esmagados, os cadáveres sentados ou de pé, a paisagem de terra arrasada, sem uma folha sequer de capim, as botas calçadas dia e noite até parecerem andar sozinhas — tudo isso me surge em imagens raras e desbotadas na lembrança. É tudo alheio demais ao restante de meu passado e muitas vezes me parece ter acontecido a outra pessoa, não a mim. De certa forma, é até irrelevante. Um instante de imaginação parece hoje importar mais que as realidades subsequentes. Foi a primeira bala que ouvi — de mim tão distante que "gania" como a bala de um jornalista ou de um poeta dos tempos de paz. Naquele momento havia algo não exatamente como o medo, menos ainda como a indiferença: um sinalzinho tremulante que dizia: "Isso é Guerra. Foi sobre isso que Homero escreveu".

CAPÍTULO 13

A nova fisionomia

Nesse muro, gastei muitos e exaustivos meses de trabalho; porém, não me achei seguro enquanto não o vi pronto.

— Defoe, em *Robinson Crusoé*

O restante de minhas experiência bélicas pouco dizem respeito a este relato. Como "capturei" cerca de sessenta inimigos — ou seja, descobri, para grande alívio meu, que a multidão de espectros cinzentos que subitamente surgiram do nada traziam todos as mãos erguidas —, isso não merece menção, senão como piada. Pois Falstaff não "capturou" *sir* Colville de Dale?[1] Tampouco interessa ao leitor saber como acabei indo para casa por causa de uma granada inglesa, ou como a lindíssima irmã N., do C.C.S. [Centro de Tratamento de Feridos, na sigla inglesa], desde então personifica minha ideia de Ártemis.

Duas coisas sobressaem. Uma é o momento, logo depois de ter sido atingido, em que achei (ou pensei achar) que não

---

[1] Personagens da peça Henrique IV, de Shakespeare. [N. T.]

estava mais respirando, concluindo que aquilo era a morte. Não senti medo algum, mas tampouco coragem alguma. Não me parecia ocasião para nenhum dos dois sentimentos. A afirmação "Eis um homem à morte" surgiu-me na mente tão seca, factual e desprovida de emoção quanto algo que se lê num livro didático. Nem sequer foi interessante. O fruto dessa experiência foi que, alguns anos mais tarde ao me deparar com a distinção kantiana entre o eu numênico e o fenomênico, isso para mim já não era só abstração. Eu havia vivenciado essa distinção; provara que havia um "eu" plenamente consciente, cujas ligações com o "eu" da introspecção eram frouxas e efêmeras.

A outra experiência momentosa foi a leitura de Bergson em um Acampamento de Convalescença na planície de Salisbury. Intelectualmente, isso me ensinou a evitar as ciladas que espreitam na palavra *Nada*. Mas também exerceu uma influência revolucionária sobre meu ponto de vista emocional. Até então eu me inclinava totalmente a coisas pálidas, remotas e evanescentes; o mundo-aquarela de Morris, os recônditos folhosos de Malory,[2] o lusco-fusco de Yeats.

A palavra "vida" evocava em mim precisamente as mesmas associações que em Shelley, em *O triunfo da vida*. Eu não teria entendido o que Goethe quis dizer com *des Lebens goldnes Baum*. Bergson mostrou-me. Ele não aboliu meus amores antigos, mas deu-me um novo. Com ele aprendi pela primeira vez a saborear a energia, a fertilidade e a urgência; a habilidade, os triunfos e até mesmo a insolência das coisas que crescem. Tornei-me capaz de apreciar artistas que, acredito, antes nada teriam significado para mim; toda a gente

---

[2] Do férreo em Malory, a tragédia da contrição, eu ainda nada percebia.

vibrante, dogmática, inflamada e irrefutável como Beethoven, Ticiano (em suas pinturas mitológicas), Goethe, Dunbar, Pindar, Christopher Wren e os Salmos mais exultantes.

 Voltei a Oxford — "desmobilizado" — em janeiro de 1919. Mas, antes de dizer qualquer coisa sobre minha vida, devo avisar o leitor de que um episódio importantíssimo e complexo será omitido. Não tenho escolha quanto a esse silêncio. Tudo o que posso ou preciso dizer é que a hostilidade que antes eu tinha diante das emoções foi vingada plenamente e de vários modos. Mas, mesmo que tivesse a liberdade de contar a história, duvido que tenha muita relação com o assunto deste livro.

 O primeiro grande amigo que fiz em Oxford foi A. K. Hamilton Jenkin, conhecido hoje por seus livros sobre a Cornuália. Ele deu sequência (pois Arthur havia começado) à minha educação como ser que vê, ouve, cheira, sente. Arthur tivera sua preferência pelo Simples. Mas Jenkin parecia ser capaz de desfrutar de tudo; mesmo da feiura. Aprendi com ele que devemos tentar uma rendição completa àquilo que o ambiente oferece no momento, seja o que for — numa cidade sórdida, buscar os próprios lugares em que a sordidez se eleva à repugnância, e quase à grandeza; num dia lúgubre, encontrar a mata mais lúgubre e gotejante; num dia ventoso, buscar a escarpa onde o vento sopra mais forte. Não havia nenhuma ironia betjemânica[3] nisso; só uma resolução séria, mas jovial, de esfregar o nariz na própria essência de cada coisa, regozijando-se por ser ela (tão esplendidamente) o que é.

 O próximo foi Owen Barfield. Tenho a impressão de que Arthur e Barfield são, respectivamente, o modelo do

---

[3]Relativo ao poeta inglês John Betjeman (1906-1984). [N. T.]

A nova fisionomia

Primeiro Amigo e do Segundo Amigo de qualquer pessoa. O Primeiro é o *alter ego*, o homem que primeiro lhe revela que você não está sozinho no mundo, pelo fato de acabar (muito além do que se podia esperar) por partilhar de todos os seus deleites mais secretos. Nada supera fazer dele um amigo; ele e você se unem como gotas de chuva numa vidraça.

Mas o Segundo Amigo é o homem que discorda de você sobre tudo. Não é tanto o *alter ego*, quanto o antiego. É claro que partilha de seus interesses, senão de modo algum se tornaria seu amigo. Mas aborda todos esses interesses de um ângulo diferente. Leu todos os livros certos, mas deduziu a ideia errada de cada um deles. É como se falasse sua língua, mas com pronúncia equivocada. Como é que ele pode estar quase tão certo, no entanto sempre e absolutamente errado? É encantador (e irritante) como uma mulher.

Quando você se propõe a corrigir as heresias dele, descobre que ele, na verdade, decidiu corrigir as suas! E depois vocês dois se enredam no assunto, com máximo vigor e entusiasmo, até tarde da noite, noite após noite; ou saem a caminhar por um belo campo que nenhum dos dois nem sequer olha nem de relance, cada um provando o peso dos golpes do outro e muitas vezes comportando-se mais como inimigos que se respeitam mutuamente do que como amigos.

Na realidade (embora jamais lhe pareça assim no momento), vocês dois modificam as ideias um do outro; dessa eterna e inflamada rixa, surge uma comunhão de mentalidades e uma profunda afeição. Acho, porém, que ele me mudou bem mais que eu a ele. Muitas das ideias que ele mais tarde inseriu em *Dicção poética* já se haviam tornado minhas antes da publicação dessa importante obra. Seria estranho se isso não houvesse acontecido. É claro que ele não era tão erudito na época como se tornou de lá para cá; mas a genialidade já estava lá.

Intimamente ligado a Barfield, de Wadham, era seu amigo (e logo também meu) A. C. Harwood, da Christ Church (Oxford), mais tarde um pilar de Michael Hall, uma escola steinerista[4] de Kidbrooke. Ele difere de nós dois; um homem completamente imperturbável. Embora pobre (como a maioria de nós) e totalmente sem "perspectivas", ostentava a expressão de um cavalheiro do século passado que tivesse algum capital investido. Em uma longa caminhada, quando a última réstia de um crepúsculo úmido acabara de revelar algum terrível erro na leitura do mapa (erro provavelmente dele mesmo) e a maior esperança eram "oito quilômetros até Mudham (se conseguíssemos encontrar esse local) para *talvez* arrumar lá um lugar para dormir", ele ainda mantinha essa expressão. Mesmo no calor da discussão, ele a conservava. O leitor sem dúvida há de achar que ele, mais do que ninguém, mereceria ouvir um "Veja se não me olha desse jeito!". Mas não creio que ele tenha ouvido tal coisa. Não era máscara, nem tinha origem em estupidez alguma. Ele já foi posto à prova por todos os pesares e aflições costumeiros. É o único Horácio que conheço nessa era de Hamlets; nada de "estacar por causa do dedo do Destino".

Há algo a ser dito sobre esses e outros amigos que fiz em Oxford. Todos eram, segundo decentes parâmetros pagãos, "bons" (e muito melhores, segundo um parâmetro baixo como o meu). Ou seja, todos, como meu amigo Johnson, acreditavam — e agiam segundo essa crença — que

---
[4]Filiada ao pensamento do filósofo austríaco Rudolf Steiner (1861-1925). [N.T.]

A nova fisionomia

a veracidade, o espírito público, a modéstia e a sobriedade eram obrigatórios — "para ser buscados", como dizem os examinadores, "por todos os candidatos". Johnson preparara--me para ser influenciado por eles. Aceitei teoricamente seus parâmetros e talvez (dessa parte não me lembro muito bem) tenha tentado agir com coerência.

Em meus primeiros dois anos em Oxford ocupei-me ativamente (além do primeiro exame público e dos exames finais) de assumir o que podemos chamar "Nova Fisionomia" intelectual. Não deveria mais haver pessimismo, nem autocomiseração, nem flertes com nenhuma ideia do sobrenatural, nem ilusões românticas. Resumindo, como a heroína de *A abadia de Northanger*, tomei a resolução de "sempre julgar e agir no futuro com o maior bom senso possível". E bom senso significava para mim, naquele momento, um afastamento, quase uma fuga espavorida, de toda sorte de romantismo, que até então fora o principal interesse de minha vida. Várias causas agiam em conjunto.

Em primeiro lugar, eu acabara de conhecer um velho pároco irlandês — sujeito sórdido, tagarela, trágico — que havia muito perdera a fé, retendo, porém, o meio de vida. Quando o encontrei, seu único interesse era a busca de provas da "sobrevivência humana". Sobre isso, lia e falava incessantemente, e, tendo uma mente altamente crítica, jamais conseguia se satisfazer. Especialmente chocante era o fato de nele (aparentemente) coexistir, ao lado de um sequioso desejo de imortalidade pessoal, uma completa indiferença a tudo o que pudesse, numa concepção lúcida, tornar desejável a imortalidade. Não buscava a Visão Beatífica; nem sequer cria em Deus. Não esperava mais tempo para purgar e melhorar a própria personalidade. Não sonhava com o reencontro de amigos ou amantes mortos; jamais o ouvi falar com afeto de ninguém. Queria apenas a confirmação de que aquilo que podia chamar de "si mesmo", em quase quaisquer termos, duraria mais que sua vida corpórea. Ou pelo menos era assim que eu o entendia.

Eu era jovem e crítico demais para suspeitar que o que secretamente o movia era o anseio pela felicidade que lhe fora de todo negada na terra. E esse estado de ânimo me parecia o mais desprezível que até então encontrara. Quaisquer pensamentos ou sonhos que pudessem levar alguém a essa inflamada monomania deveriam, segundo então decretei, ser totalmente evitados. Toda a questão da imortalidade tornou-se para mim um tanto repulsiva. Decidi excluí-la. Todos os pensamentos de uma pessoa se deveriam restringir a:

> o próprio mundo, que é o mundo
> De todos nós — o lugar onde, no final,
> Encontramos a felicidade, ou mesmo o nada.

Em segundo lugar, tinha sido minha chance de passar catorze dias e a maior parte das catorze noites também, em íntimo contato com um homem que estava enlouquecendo. Era um homem que eu amara ternamente e muito merecia esse amor. Agora eu tentava segurá-lo enquanto escoiceava e esperneava no chão, berrando que os demônios o estavam dilacerando e que naquele momento estava mergulhando no Inferno. E esse homem, como eu bem sabia, não se mantivera na trilha habitual. Flertara com a teosofia, com a ioga, com o espiritismo, com a psicanálise e coisas afins. Provavelmente essas coisas não tinham na verdade ligação alguma com sua insanidade, para a qual (acredito) havia causas físicas. Mas não era essa minha análise na época. Eu pensara ter recebido um alerta; era a isso, a esse esperneio delirante

A nova fisionomia

no rés do chão, que no final todos os anseios românticos e especulações sobrenaturais conduziam o homem:

Não te apaixones tão alucinadamente pelo remoto, Tampouco atices tua fantasia ao mais extremo limite.

Segurança em primeiro lugar, eu pensava: a trilha habitual, o caminho testado e aprovado, o meio da estrada, as luzes acesas. Por alguns meses, depois dessas duas semanas de pesadelo, as palavras "comum" e "monotonia" resumiam tudo o que me parecia mais desejável.

Em terceiro lugar, a nova psicologia na época passava por nós como um furacão. Não a assimilamos inteiramente (poucos o fizeram então), mas todos fomos influenciados. O que mais nos interessava era a "Fantasia", ou a "vontade imaginativa". Pois (logicamente) éramos todos poetas e críticos, e atribuíamos valor muito grande à "Imaginação", em algum elevado sentido coleridgeano, de forma que se tornou importante distinguir Imaginação não só (como fez Coleridge) de capricho, mas também de fantasia, no sentido que os psicólogos davam ao termo.

Ora, eu perguntava-me: o que eram então todas as minhas agradáveis montanhas e jardins ocidentais senão completas fantasias? Não haviam revelado sua verdadeira natureza ao atrair-me, seguidamente, ao indisfarçado devaneio erótico ou ao sórdido pesadelo da magia? Na realidade, é claro, como capítulos anteriores já o disseram, minha experiência havia mostrado repetidamente que essas imagens românticas nunca passaram de uma espécie de lampejo, ou talvez escória emitida pela ocorrência da Alegria; que essas montanhas e jardins jamais foram o que eu queria, mas apenas símbolos que não alegavam ser nada além disso, e que todo esforço de

227

tratá-los como o verdadeiro Desejável logo se provava um absoluto fracasso. Mas agora, ocupado com minha Nova Fisionomia, conseguira esquecer tudo isso. Em vez de me arrepender da idolatria, aviltava as inocentes imagens nas quais eu a esbanjara. Com a confiança de um menino, resolvi que havia me livrado de tudo aquilo. Nunca mais Avalon, não mais Hespérides. Eu as havia (e isso era exatamente o oposto da verdade) "desmascarado". E jamais seria iludido de novo.

Por fim, havia Bergson, é claro. De alguma forma (pois não me parece muito claro quando reabro hoje seus livros), encontrei nele uma refutação da velha ideia assombrosa, ideia de Schopenhauer, de que o universo "pode não ter existido". Em outras palavras, um atributo divino, o da necessária existência, ergueu-se em meu horizonte. Estava ainda — como ficou por muito tempo — ligado ao objeto errado; ao universo, não a Deus. Mas o simples atributo era ele mesmo de imensa força.

Quando a pessoa abandona a noção absurda de que a realidade é uma alternativa arbitrária ao "nada", ela deixa de ser pessimista (ou mesmo otimista). Não há sentido em culpar ou elogiar o Todo, nem, de fato, em dizer nada sobre ele. Ainda que você insista em vociferar contra ele desafios prometeicos ou hardyescos,[5] assim mesmo, já que você é parte dele, é somente o mesmo Todo que por você "tacitamente proclama as pragas contra si mesmo" — uma futilidade que me parece viciar o vibrante ensaio de lorde Russell sobre "O culto de um homem livre". As pragas eram tão fúteis e tão imaturas quanto os sonhos sobre o jardim ocidental.

---

[5]Relativo ao escritor inglês Thomas Hardy (1840-1928). [N. T.]

A nova fisionomia

É preciso (como a dama de Carlyle) "aceitar" o universo; totalmente, sem reservas, de modo leal. Essa espécie de Monismo Estoico era a filosofia de minha Nova Fisionomia. E ela deu-me uma grande sensação de paz. Foi talvez a coisa mais próxima de uma experiência religiosa desde os dias da escola preparatória. Pôs fim (espero que para sempre) a qualquer ideia de tratado ou acordo com a realidade. A percepção de até mesmo um único atributo divino pode fazer tudo isso.

Quanto à Alegria, rotulei-a "experiência estética" e conversei muito sobre ela usando esse nome, dizendo que era muito "valiosa". Mas me vinha muito raramente e, quando vinha, não empolgava muito.

Aqueles primeiros tempos da Nova Fisionomia foram, em geral, tempos felizes. O céu foi mudando bem gradualmente. Veio a surgir mais infelicidade e preocupação na vida; e Barfield suportava

> todo aquele ano de mocidade
> Quando a vida dói como a dor de dente arde.

Nossa geração, a geração dos soldados que regressaram da guerra, começou a passar. Oxford encheu-se de novos rostos. Os calouros passaram a encarar com histórica complacência nosso deturpado ponto de vista. O problema da carreira profissional assomava maior e mais lúgubre.

Foi então que me aconteceu algo realmente terrível (para mim). Primeiro Harwood (ainda sem mudar a expressão) e depois Barfield, abraçaram as doutrinas de Steiner e se tornaram antroposofistas. Fiquei horrivelmente chocado. Tudo o que eu me havia esforçado tanto por expulsar de minha vida parecia ter explodido para me reencontrar em meus melhores amigos. Não só meus melhores amigos, mas os que eu julgava estarem mais a salvo; um deles tão inabalável, o outro criado numa família de livres-pensadores e tão imune a toda "superstição" que mal ouvira falar do próprio cristianismo antes de entrar na escola. (O evangelho deu-se a conhecer pela primeira vez a Barfield na forma de uma lista ditada de Parábolas Peculiares a Mateus.) Não só em meus amigos aparentemente mais seguros, mas em um momento em que todos tínhamos a maior necessidade de permanecer unidos.

E, quando vim a saber (à medida que cheguei a sabê-lo) o que Steiner pensava, meu horror transformou-se em aversão e ressentimento. Pois ali, aparentemente, estavam todas as abominações; nenhuma delas mais abominável que aquelas que já me haviam atraído antes. Ali se viam deuses, espíritos, existências anteriores à vida e posteriores à morte, iniciados, conhecimento oculto, meditação. "Ora — dane-se! — isso é coisa *medieval*" — exclamei; pois eu ainda tinha todo o esnobismo cronológico de meu período e usava os nomes de períodos anteriores como termos de desdém. Ali estava tudo o que a Nova Fisionomia idealmente deveria excluir; tudo o que pudesse desviar a pessoa da estrada principal para aqueles recessos escuros onde os homens esperneiam no chão e berram que estão sendo tragados ao Inferno. É claro que tudo era completo absurdo. Não havia perigo de *eu* ser enganado. Mas havia a solidão, o senso de ser desertado.

Naturalmente atribuí a meus amigos os mesmos desejos que, houvesse me tornado também antroposofista, ter-me-iam motivado. Pensei que estavam sucumbindo àquela luxúria sequiosa e amarga pelo oculto. Hoje vejo que, desde o princípio, todos os indícios apontavam contra tal conclusão. Eles não eram desse tipo. Tampouco a antroposofia, até onde sei, alimenta esse tipo de gente. Há nela uma dificuldade e (para mim) uma tranquilizadora insipidez germânica que logo afugenta quem busca a empolgação. Nem jamais verifiquei que ela tivesse exercido um efeito prejudicial sobre o caráter dos que a adotaram; cheguei a saber de um caso em que ela até exerceu uma influência muito boa.

Digo isso não porque eu mesmo tenha chegado sequer próximo de aceitar a doutrina, mas por pura justiça e também como correção tardia para as muitas coisas rudes e amargas que disse sobre ela a meus amigos. Pois a conversão de Barfield à antroposofia assinalou o início daquilo que só posso descrever como Grande Guerra entre mim e ele. Jamais, graças a Deus, chegou a alcançar o nível de discórdia, embora poderia ter chegado a esse grau num instante se ele tivesse usado contra mim algo próximo da violência que eu lançava contra ele. Mas era uma disputa quase incessante, às vezes por carta e às vezes pessoalmente — processo que durou anos. E essa Grande Guerra foi um dos divisores de água de minha vida.

Barfield jamais fez de mim um antroposofista, mas seus contra-ataques destruíram para sempre dois elementos de meu pensamento. Em primeiro lugar, ele eliminou rapidamente o que já denominei "esnobismo cronológico", a aceitação acrítica do ambiente intelectual comum à nossa época e a suposição de que tudo o que ficou desatualizado é por isso mesmo desprezível. É preciso descobrir por que tal coisa se desatualizou. Será que chegou a ser refutada (e, em caso afirmativo, por quem, onde e até que ponto?), ou meramente morreu, como fazem as modas? Se a última alternativa é a verdadeira, então nada temos sobre sua veracidade ou falsidade. Ao nos darmos conta disso, passamos à percepção de que nossa própria época é "um período" e certamente tem, como todos os períodos, as próprias ilusões características.

Essas provavelmente espreitam naquelas suposições largamente aceitas, que, de tão arraigadas na época, ninguém ousa atacar nem sente necessidade de defender.

Em segundo lugar, ele me convenceu de que as posições que até então defendíamos não deixavam espaço para nenhuma teoria satisfatória do conhecimento. Éramos, no sentido técnico do termo, "realistas", ou seja, aceitávamos como realidade mais básica o universo revelado pelos sentidos. Mas, ao mesmo tempo, continuávamos a fazer sobre determinados fenômenos da consciência todas as alegações que realmente se coadunam com uma visão teísta ou idealista. Defendíamos que o pensamento abstrato (desde que obediente a regras lógicas) proporciona a verdade inconteste, também que nosso juízo moral é "válido" e que nossa experiência estética não é simplesmente agradável, mas "valiosa". Essa visão, penso, era comum na época; circula no *Testament of beauty* [Testamento da beleza], de Bridges, na obra de Gilbert Murray e no "Culto de um homem livre", de lorde Russell.

Barfield convenceu-me de que tal visão era incoerente. Se o pensamento fosse um acontecimento puramente subjetivo, essas alegações sobre ela teriam de ser abandonadas. Se sustentávamos (como realidade mais básica) o universo dos sentidos, auxiliados por instrumentos e coordenados para compor a "ciência", então teríamos de ir muito mais longe — como muitos o fizeram — e acabar adotando uma teoria behaviorista da lógica, da ética e da estética. Mas para mim tal teoria era, e é, inaceitável. Uso a palavra "inaceitável", que muitos usam para significar "improvável" ou mesmo "indesejável", em sentido bastante literal. Quero dizer que o ato de aceitar o que o behaviorista aceita é algo que minha mente simplesmente não consegue fazer. Não posso acomodar meu pensamento a esse molde, assim como não posso coçar a orelha com o dedão do pé, ou derramar o vinho de uma garrafa na cavidade localizada na base dessa mesma garrafa. É algo tão definitivo quanto uma impossibilidade física.

Fui, portanto, compelido a abrir mão do realismo. Eu vinha tentando defendê-lo desde que começara a ler filosofia. Em parte, sem dúvida, não passou de "teimosia". O idealismo era então a filosofia dominante em Oxford, e eu era por natureza "do contra". Mas em parte, também, o realismo satisfazia uma necessidade emocional. Eu queria que a Natureza fosse bastante independente de nossa observação; algo distinto, indiferente, existente por si mesmo. (Isso combinava com o prazer jenkiniano de esfregar o nariz em sua própria pessoa.) Mas então, segundo me parecia, eu tinha de abrir mão disso. A menos que me dispusesse a aceitar uma alternativa inaceitável, precisava admitir que a mente não era um epifenômeno tardio; que todo o universo era, como último recurso, mental; que nossa lógica era participação num *Logos* cósmico.

É espantoso (depois de tudo isso) que eu tenha considerado tal posição algo bem distinto do Teísmo. Desconfio ter sido vítima de algum tipo de cegueira intencional. Mas na época havia toda sorte de cobertas, isolamentos e garantias que permitiam que se obtivessem todas as comodidades do Teísmo sem a crença em Deus. Os hegelianos ingleses, escritores como T. H. Green, Bradley e Bosanquet (nomes de peso naquele tempo), lidavam exatamente com esses artifícios. A Mente Absoluta — ou, melhor ainda, o Absoluto — era impessoal, ou conhecia a si mesmo (mas não a nós?) somente em nós, e tão absoluto que não era de fato mais semelhante à mente que a qualquer outra coisa.

E, seja como for, quanto mais desnorteados ficávamos com isso, mais contradições cometíamos e mais ficava provado que nosso pensamento discursivo circulava somente no nível da "Aparência" — implicando que a "Realidade" deveria estar em algum outro lugar. E onde mais senão, logicamente, no Absoluto? Lá, e não aqui, estava o "esplendor mais pleno" por trás da "cortina sensória". A emoção que acompanhava tudo isso era certamente religiosa. Mas era uma religião que nada custava. Podíamos falar religiosamente sobre o Absoluto, mas não havia perigo nenhum de ele agir sobre nós. Estava "lá"; segura e inabalavelmente "lá". Jamais viria até "aqui", jamais (sendo franco) representaria um estorvo. Essa quase religião era uma via de mão única; era (como diria o doutor Nygren) toda a excitação de *eros* sem a serenidade *de agape*. Nada havia a temer; melhor ainda: nada a obedecer.

No entanto, havia um elemento realmente saudável nisso. O Absoluto estava "lá", e esse "lá" continha a conciliação dos contrários, a transcendência de toda a finitude, a glória oculta que era a única coisa perfeitamente real que existe. Por sinal, tinha muito da qualidade do Céu. Mas era um Céu que nenhum de nós poderia jamais alcançar. Pois somos aparências. Estar "lá" é, por definição, não sermos nós. Todos os que abraçam tal filosofia vivem, como os virtuosos pagãos de Dante, "um desejo sem esperança". Ou, como Spinoza, amam seu Deus a ponto de ser incapazes de sequer desejar que ele também os ame. Eu deveria lamentar muito não ter passado por tal experiência. Acho-a mais religiosa que muitas experiências que se chamam cristãs. O que aprendi com os idealistas (e ainda defendo com todo o vigor) é a seguinte máxima: é mais importante a existência do Céu que a possibilidade de qualquer um de nós alcançá-lo.

E então o grande Pescador pegou seu peixe, e eu nem sonhava que o anzol se cravara em minha língua. Mas dois grandes avanços se fizeram. Bergson me revelara a necessária existência; e, a partir do idealismo, aproximei-me um passo mais da compreensão das palavras: "A ti damos graças por tua imensa glória". Os deuses nórdicos me haviam dado o primeiro sinal disso; mas então eu não acreditava neles, enquanto cria de fato (até onde se pode crer num *Unding*) no Absoluto.

CAPÍTULO 14

Xeque-mate

O princípio único do inferno é este: "Eu sou meu".

— George Macdonald

No verão de 1922, concluí meus exames finais. Como não havia vagas disponíveis na área de filosofia, ou nenhuma que eu pudesse preencher, meu estoico pai ofereceu-me um quarto ano em Oxford, durante o qual estudei inglês — acrescendo assim uma bala à minha agulha. A Grande Guerra com Barfield havia, acredito, começado já nessa época.

Assim que entrei na Escola de Inglês, fui para o grupo de discussão de George Gordon. E ali fiz um novo amigo. Já as primeiras palavras que ele falou o destacaram dos dez ou doze outros presentes; homem segundo meu coração e também numa idade em que as instantâneas amizades da mais tenra juventude já se tornavam acontecimentos um tanto raros. Seu nome era Nevill Coghill. Logo vivi o choque de descobrir que ele — claramente o mais inteligente e bem informado dos homens da turma — era cristão e extremado sobrenaturalista. Havia nele outras características que me agradaram, mas que achei (pois eu ainda era um modernista arraigado) estranhamente arcaicas: cavalheirismo, honra, cortesia, "liberdade" e *gentillesse*. Era possível imaginá-lo duelando. Falava com muita "irreverência", mas nunca com "vilania".

Barfield estava começando a destruir meu esnobismo cronológico; Coghill desfechou-lhe outro golpe. Será que nossa vida realmente perdera alguma coisa? Seria o arcaico simplesmente o civilizado, e o moderno simplesmente o bárbaro? Parecerá estranho a muitos de meus críticos, que me consideram um típico *laudator temporis acti*, o fato de essa questão me haver surgido comparativamente tão tarde na vida. Mas então o segredo de meus livros é a máxima de Donne: "As heresias que os homens abandonam são as mais odiadas". As coisas que defendo com mais veemência são aquelas às quais resisti por muito tempo, vindo a aceitar só mais tarde.

Esses elementos perturbadores em Coghill ombreavam eles mesmos com uma inquietação mais ampla, que então ameaçava toda a minha visão de mundo anterior. Todos os livros começavam a se virar contra mim. Na verdade, eu devia estar totalmente cego para não enxergar, bem antes, a ridícula contradição entre minha filosofia de vida e minhas experiências reais como leitor. George MacDonald fizera mais por mim que qualquer outro escritor; logicamente, era uma pena ter ele aquela obsessão com o cristianismo. Ele era bom *apesar disso.*

Chesterton era mais sensato que todos os outros modernos juntos, salvo, é claro, seu cristianismo. Johnson era um dos poucos autores em quem eu sentia poder confiar totalmente; muito curiosamente, ele tinha a mesma esquisitice. Spenser e Milton, por uma estranha coincidência, tinham o mesmo defeito. Mesmo entre os autores antigos, o mesmo paradoxo era encontrado. Os mais religiosos (Platão, Ésquilo, Virgílio) eram nitidamente aqueles dos quais eu podia realmente beber. Por outro lado, os escritores que não sofriam de religião e com quem teoricamente minha simpatia deveria ter sido completa — Shaw, Wells, Mill, Gibbon e Voltaire —, todos pareciam um tanto fracos; gente que na meninice chamávamos "fracotes".

Não que eu não gostasse deles. Todos eram (especialmente Gibbon) ótimo passatempo, mas dificilmente mais que isso. Parecia não terem profundidade. Eram simples demais. A dureza e a densidade da vida não apareciam em seus livros.

Agora que eu estava lendo mais inglês, o paradoxo começou a se agravar. Comovi-me profundamente com *O sonho da cruz*; mais fundamente ainda com Langland; inebriei-me (durante algum tempo) com Donne; satisfiz-me funda e longamente com Thomas Browne. Mas o mais chocante de todos foi George Herbert. Eis um homem que, na transmissão da própria qualidade de vida como realmente a vivemos de um momento a outro, parecia-me superar todos os autores que eu já lera. Mas o infeliz, em vez de fazer tudo diretamente, insistia em meditar sobre a matéria por meio daquilo que eu ainda chamaria "mitologia cristã".

Por outro lado, a maioria dos autores que se podiam considerar precursores do moderno iluminismo parecia-me café pequeno e me entediava terrivelmente. Achava Bacon (para ser franco) um burro solene e pretensioso, bocejava diante da comédia da Restauração e, tendo corajosamente navegado até a última linha de *Don Juan*, escrevi "Nunca mais" na última folha. Os únicos não cristãos que me pareciam realmente saber alguma coisa eram os românticos, e boa parte deles estava perigosamente tingida de algo semelhante à religião, às vezes até ao cristianismo. O desfecho de tudo pode praticamente ser expresso pela corruptela do grande verso de Rolando, na *Canção:*

Os cristãos estão errados, mas todos os outros são chatos.

O passo natural seria investigar um pouco mais de perto se os cristãos estavam, afinal, errados. Mas não me atrevi. Pensei que poderia explicar sua superioridade sem essa hipótese. Absurdamente (embora muitos idealistas do Absoluto tenham partilhado desse absurdo), eu pensava que o "mito cristão" infundia nas mentes não filosóficas o máximo de verdade — ou seja, de idealismo do Absoluto — que elas eram capazes de assimilar, e que mesmo esse tanto já os colocava acima dos irreligiosos. Os que não conseguiam alçar-se à noção do Absoluto poderiam chegar perto da verdade mais pela crença em "um Deus" do que pela descrença. Os que não conseguiam compreender como é que, na condição de raciocinadores, participávamos de um mundo intemporal e, portanto, sem morte, obteriam uma sombra simbólica da verdade ao crer na vida após a morte. A implicação — o que eu e a maioria dos outros universitários conseguíamos absorver sem esforço extraordinário teria sido forte demais para Platão, Dante, Hooker e Pascal — ainda não me parecia absurda. Acho que isso só se dava porque jamais a encarara de verdade.

À medida que o enredo se acelera e se complica, perto do final, deixo cada vez mais de lado as questões que entrariam numa autobiografia completa. A morte de meu pai, com toda a coragem (e até bom humor) que ele revelou na fase terminal da doença, não tem realmente espaço na história que estou narrando. Na época meu irmão estava em Xangai. Tampouco seria relevante contar em detalhes como me tornei professor temporário na Univ. por um ano ou como fui eleito diretor do Magdalen College em 1925.

O pior é que não poderei descrever muitos homens que amei e aos quais muito devo: G. H. Stevenson e E. F Carrit, meus orientadores, o Fark (mas, afinal, quem é que poderia retratá-lo?) e cinco grandes homens de Magdalen que ampliaram a própria ideia que eu tinha daquilo que deveria ser uma vida acadêmica: P. V. M. Benecke, C. C. J. Webb, J. A. Smith, F. E. Brightman e C. T. Onions.

À exceção do Velho, sempre fui abençoado pela existência de meus professores oficiais e informais. Em meus primeiros anos em Magdalen, habitei um mundo em que quase nada do que eu queria saber precisava ser buscado fora do alcance de meus esforços independentes. Um ou outro desses professores poderia sempre lhe dar um dica ("Você encontra algo sobre isso em Alanus..."; "Experimente Macróbio..."; "Será que Comparetti não o menciona?..."; "Já o procurou em Du Cange?"). Descobri, como sempre, que os mais maduros são mais benévolos para com os ainda verdes e os mais estudiosos têm mais tempo a dar.

Quando comecei a lecionar na Faculdade de Inglês, fiz dois outros amigos, ambos cristãos (essa gente esquisita parecia pipocar por todo lado), que mais tarde me ajudariam muito a superar o último obstáculo. Eram H. V. V. Dyson (então de Reading) e J. R. R. Tolkien. A amizade com este assinalou a queda de dois velhos preconceitos. Logo que vim ao mundo, aconselharam-me (implicitamente) a jamais confiar num papista e, na primeira vez que pus os pés na Faculdade de Inglês, aconselharam-me (explicitamente) a jamais confiar num filologista. Tolkien era as duas coisas.

O realismo fora abandonado; a Nova Fisionomia estava um tanto arranhada; e o esnobismo cronológico sofrera um forte abalo. Minhas peças estavam em posições extremamente desfavoráveis no tabuleiro. Logo já não poderia acalentar nem mesmo a ilusão de que a iniciativa cabia a mim. Meu Adversário passou a desfechar seus últimos lances.

O primeiro Lance aniquilou os últimos resquícios da Nova Fisionomia. Fui subitamente impelido a reler (o que certamente não era preocupação minha na época) o *Hipólito* de Eurípides. Num dos coros, todas aquelas imagens do fim do mundo, que eu havia rejeitado quando assumi a Nova Fisionomia, despertaram em minha lembrança. Gostei, mas não cedi; tentei agir com ares de superioridade. Mas, no dia seguinte, estava vencido. Houve um momento transicional de deliciosa inquietude, e depois — instantaneamente — a longa inibição chegava ao fim, o árido deserto ficava para trás, e novamente eu lá estava na terra do anseio, meu coração já partido e enlevado como jamais o fora desde os velhos tempos de Bookham. Não havia absolutamente nada a fazer quanto a isso; eu nem cogitava a hipótese de voltar ao deserto. Eu simplesmente recebera a ordem de — ou, antes, fora compelido a — "parar de olhar daquele jeito, mudar minha fisionomia". E também de jamais retomá-la.

O Lance seguinte foi intelectual e consolidou o primeiro Lance. Li em *Espaço, tempo e deidade*, de Alexander, sua teoria de "Desfrute" e "Contemplação". Trata-se de termos técnicos na filosofia de Alexander; "Desfrute" em nada se relaciona com prazer, nem "Contemplação" com a vida contemplativa. Quando você vê uma mesa, "desfruta" o ato de ver e "contempla" a mesa. Mais tarde, se você se interessar pela Ótica e pensar no próprio ato de Ver, estará contemplando o ver e desfrutando o pensamento. No luto, você contempla o amado e a morte do amado e, no sentido de Alexander, "desfruta" a solidão e o pesar; mas um psicólogo, se o analisasse como caso de melancolia, estaria contemplando seu pesar e desfrutando a psicologia. Não "pensamos um pensamento" da mesma maneira que "pensamos que Heródoto não é confiável". Quando pensamos um pensamento, "pensamento" é um acusativo cognato[1] (como "golpe" em "desferir um golpe"). Desfrutamos o pensamento (de que Heródoto não é confiável) e, ao fazê-lo, contemplamos a não confiabilidade de Heródoto.

Aceitei essa distinção imediatamente e desde então a considero um instrumento intelectual indispensável. Logo depois, as consequências — catastróficas para mim — começaram a surgir. Parecia-me evidente por si só que uma propriedade essencial do amor, do ódio, do medo, da esperança ou do desejo fosse a atenção dirigida a seu objeto. Deixar de pensar na mulher ou de atentar nela é, até agora, deixar de amá-la; deixar de pensar na coisa temida ou de atentar nela é deixar de ter medo. Mas atentar no próprio amor ou medo é deixar de atentar no objeto amado ou temido.

Em outras palavras, o desfrute e a contemplação de nossas atividades interiores são incompatíveis. Podemos ter esperança e pensar na esperança ao mesmo tempo, pois na esperança desfrutamos o objeto da esperança, mas interrompemos esse processo (por assim dizer) ao nos voltarmos para olhar a esperança em si. Logicamente, essas duas atividades podem se alternar, e realmente o fazem, com grande rapidez; mas são distintas e incompatíveis. Isso não era simplesmente um resultado lógico da análise de Alexander, mas,

---

[1] Objeto direto que traz em seu núcleo um substantivo que é cognato ou sinônimo do verbo. [N. E.]

sim, algo que podia ser verificado na experiência diária e mesmo horária.

O meio mais certo de desarmar a raiva ou a luxúria era desviar a atenção da moça ou do insulto e começar a analisar a paixão em si. A maneira mais segura de estragar um prazer era começar a examinar sua satisfação. Mas, se era assim, então se podia deduzir que toda introspecção é, em certo aspecto, desencaminhadora. Na introspecção, tentamos olhar para "dentro de nós mesmos" e ver o que está acontecendo. Portanto, quase tudo o que estava acontecendo no instante anterior se interrompe pelo próprio ato de nos voltarmos para olhá-lo. Infelizmente, não significa que a introspecção nada encontra. Pelo contrário: encontra exatamente o que resta depois da suspensão de todas as nossas atividades normais; e o que resta são principalmente imagens mentais e sensações físicas. O grande erro é confundir esse mero sedimento, rastro ou subproduto com as próprias atividades.

É assim que os homens podem vir a crer que o pensamento consiste somente em palavras não verbalizadas, ou que a apreciação da poesia é somente um apanhado de imagens mentais, quando essas, na verdade, são aquilo que o pensamento ou a apreciação, quando interrompidos, deixam para trás — como o marulho no mar, que continua ativo depois do cessar da ventania. Não, logicamente, que essas atividades, antes de interrompidas pela introspecção, fossem inconscientes. Não amamos, tememos nem pensamos sem o saber. Em vez da dupla divisão em Consciente e Inconsciente, precisamos de uma divisão tríplice: o Inconsciente, o Desfrutado e o Contemplado.

Essa descoberta lançou nova luz sobre todo o meu passado. Percebi que todas as minhas esperas e vigílias em relação à Alegria, todas as minhas vãs esperanças de encontrar algum conteúdo mental naquilo sobre que eu poderia, por assim dizer, pousar o dedo e afirmar "É isto aqui", tinham sido uma tentativa frustrada de contemplar o desfrutado. Tudo o que essa vigília e espera *poderiam* encontrar seria talvez uma imagem (Asgard, o Jardim Ocidental ou coisa parecida), quem sabe um tremelique no diafragma. Jamais teria de me incomodar novamente com essas imagens ou sensações. Sabia agora que eram simplesmente o rastro mental deixado pela passagem da Alegria — não a onda, mas a marca da onda na areia. A inerente dialética do próprio desejo já me havia, de certa forma, revelado tal coisa; pois todas as imagens e sensações, se confundidas idolatricamente com a própria Alegria, logo se confessariam, com sinceridade, insatisfatórias. Todas diziam, como último recurso: "Não sou eu. Sou somente um lembrete. Veja! Veja! O que é que lembro a você?".

Até aqui, tudo bem. Mas é no passo seguinte que o espanto me invade. Não havia dúvida de que a Alegria era um desejo (e, à medida que era simultaneamente um bem, era também uma espécie de amor). Porém, o desejo se volta não a si mesmo, mas a seu objeto. Não apenas isso, mas deve todo o seu caráter ao objeto. O amor erótico não é como o desejo por comida; ou, antes, o amor por uma mulher difere do amor por outra mulher exatamente da mesma maneira e no mesmo grau em que as duas mulheres diferem uma da outra. Mesmo nosso desejo por um vinho difere em tom de outro desejo por outro vinho.

O desejo intelectual (a curiosidade) de saber a verdadeira resposta de uma pergunta é muito diferente do desejo de descobrir que uma resposta, e não outra, é verdadeira. A forma do desejado está no desejo. É o objeto que faz o desejo amargo ou doce, grosseiro ou fino, "elevado" ou "rasteiro". É o objeto que faz o próprio desejo desejável ou odioso. Percebi (e isso foi o prodígio dos prodígios) que, da mesma forma que eu errara ao supor que realmente desejava o Jardim das Hespérides, também errara redondamente ao supor que desejava a própria Alegria. A própria Alegria, considerada simplesmente um acontecimento da minha mente, revelou-se algo totalmente sem valor. Todo o valor estava naquilo de que a Alegria era o desejador. E esse objeto, de maneira bastante nítida, absolutamente não era um estado de minha mente ou de meu corpo. De certo modo, posso dizer que tirei tal conclusão por eliminação. Eu já havia experimentado tudo na mente e no corpo, como se perguntasse a mim mesmo: "É isso que você quer? Por acaso é isso que você procura?".

Por último, perguntei se a própria Alegria era o que eu desejava e, rotulando-a "experiência estética", fingi que podia responder afirmativamente. Mas também essa resposta se provou insatisfatória. Inexoravelmente, a Alegria proclamou: "Você quer — e eu mesmo sou esse seu querer — algo diferente, exterior, não você mesmo nem nenhum estado seu". Ainda não chegara a hora de perguntar: "Quem é o desejado?", mas somente: "O que é isso?". Mas tal processo já me levara à região do espanto, pois compreendi assim que na solidão mais profunda existe uma estrada que conduz para fora do ego, uma relação com algo que — ao rejeitar sua identificação com qualquer objeto dos sentidos, ou qualquer coisa da qual temos necessidade biológica ou social, ou qualquer coisa imaginada, ou ainda qualquer estado da nossa mente — proclama-se totalmente objetivo. Bem mais objetivo que quaisquer corpos, pois não é, como eles, revestido de sentidos; o Outro desnudo, desprovido de imagem (embora nossa imaginação o saúde com centenas de imagens), desconhecido, indefinido, desejado.

Esse foi o segundo Lance, equivalente, talvez, à perda do último bispo. O terceiro Lance não me pareceu perigoso na época. Consistiu simplesmente em ligar esse novo esclarecimento sobre a Alegria à minha filosofia idealista. Percebi que a Alegria, como agora eu a compreendia, haveria de encaixar-se bem nessa filosofia. Nós, mortais, vistos como as ciências nos veem e como comumente vemos uns aos outros, somos meras "aparências". Porém, aparências do Absoluto. À medida que realmente temos existência (o que não diz muito), temos também, por assim dizer, raízes no Absoluto, que é a realidade última. E é por isso que vivenciamos a Alegria: ansiamos, justamente, por aquela unidade que jamais podemos atingir, exceto quando deixamos de ser os seres fenomênicos isolados chamados "nós".

A Alegria não foi uma decepção. Suas visitas foram, antes, os momentos de mais clara consciência que tivemos, quando tomamos ciência de nossa natureza fragmentária e ilusória e ansiamos ardentemente por aquela reunião impossível que nos aniquilaria, ou por aquele despertar autocontraditório que revelaria, não que tivemos, mas que *éramos* um sonho. Isso me pareceu, intelectualmente, bastante satisfatório. Até emocionalmente, também; pois a existência do Céu é mais importante que a possibilidade de qualquer um de nós alcançá-lo. O que não reparei foi que havia passado por um marco importante.

Até então meus pensamentos tinham sido centrífugos; agora começava o movimento centrípeto. Ponderações vindas de partes bem diferentes de minha experiência de vida começavam a reunir-se num estalo. Essa nova concatenação de minha vida desiderativa com minha filosofia prenunciava o dia, que agora se aproximava ligeiro, em que eu seria forçado a encarar essa "filosofia" mais seriamente do que jamais tencionara. Não previ tal coisa. Eu era como um homem que acabara de perder "apenas um peão" sem jamais sonhar que isso (a essa altura do jogo) significava o xeque-mate em poucos lances.

O quarto Lance foi mais alarmante. Eu estava então lecionando filosofia (desconfio que muito mal) além de inglês. E meu corrompido hegelismo não serviria para propósitos de orientação de estudos.[2] Um orientador precisa esclarecer as coisas. Ora, o Absoluto não pode ser esclarecido. O Senhor quer dizer um Sabe-se-Lá-o-Quê ou uma mente sobre-humana e, portanto (como também podemos admitir), uma Pessoa? Afinal, será que Hegel, Bradley e todos os outros fizeram algo além de acrescentar mistificações ao simples e viável idealismo de Berkeley? Penso que não. E será que o "Deus" de Berkeley não desempenhava o mesmo papel do Absoluto, com a vantagem adicional de termos pelo menos alguma noção do que queríamos dizer com ele? Acho que ele desempenhava, sim, tal papel.

Então fui impelido de volta a algo semelhante ao berkeleyanismo; mas berkeleyanismo com alguns acréscimos meus. Eu fazia uma distinção muito nítida (ou pelo menos assim pensava) entre esse "Deus" filosófico e "o Deus da religião popular". Não havia — eu explicava — a menor possibilidade de alguém estabelecer com ele uma relação pessoal. Pois eu pensava que ele nos idealizara como os dramaturgos idealizam suas personagens; logo, eu não poderia "encontrar-me" com ele, assim como Hamlet não poderia se encontrar com

---

[2]Não, é claro, que eu pensasse ser responsabilidade do orientador fazer prosélitos para sua filosofia. Mas descobri que precisava de uma posição própria como base a partir da qual criticar os ensaios de meus alunos.

Shakespeare. Tampouco eu o chamava "Deus"; chamava-o "Espírito". Lutamos pelos consolos que nos restam.

Depois li *O homem eterno*, de Chesterton, e pela primeira vez enxerguei todo o esboço cristão da história delineado de uma forma que para mim parecia fazer sentido. De alguma forma consegui evitar então um abalo muito forte. O leitor lembrará que eu já considerava Chesterton o homem mais sensato da face da terra, "tirante seu cristianismo". Acredito sinceramente que então eu já pensava — é claro que não *disse*... as palavras teriam revelado o absurdo — que o cristianismo era ele mesmo bastante sensato, "tirante seu cristianismo". Mas não lembro bem, pois terminara de ler *O homem eterno* havia pouco tempo, quando foi que algo muito mais alarmante me aconteceu.

No início de 1926, o mais empedernido dos ateus que jamais conheci sentou-se em meu quarto e, contra tudo o que eu dele esperava, observou que os indícios da historicidade dos Evangelhos eram de fato surpreendentemente bons. "Coisa esquisita" — continuou. "Toda aquela história de Prazer sobre o Deus que morre. Coisa esquisita. Chega até a parecer que aquilo realmente aconteceu." Para entender o impacto explosivo disso, o leitor precisaria conhecer o homem (que certamente desde aquele momento jamais demonstrou interesse algum pelo cristianismo). Se ele, o cético dos céticos, o durão dos durões, não estava — como eu ainda o diria — "seguro", então a que é que eu poderia recorrer? Será que não havia mesmo uma saída?

O esquisito era que, antes de Deus fechar o cerco sobre mim, foi-me oferecido o que hoje me parece um momento de escolha absolutamente livre. Em certo sentido. Eu subia a colina Headington no andar superior de um ônibus. Sem palavras e (acho eu) quase sem imagens, uma verdade sobre mim mesmo me foi de algum modo apresentada. Tomei ciência de que vinha mantendo algo a distância, ou isolando esse algo lá fora. Ou — se o leitor preferir — que estava usando uma roupa justa demais, como um colete fisioterápico, ou mesmo uma carapaça, como se eu fosse uma lagosta. Senti, ali e então, que me era dada a possibilidade da escolha. Eu poderia abrir a porta ou deixá-la trancada; poderia tirar a carapaça ou conservá-la. Nenhuma das alternativas me era apresentada como dever; nenhuma delas trazia embutida nem ameaça nem promessa, embora eu soubesse que abrir a porta ou tirar o colete significava o incerto. A escolha parecia ponderosa, mas era também estranhamente desprovida de emoção. Não eram desejos nem medos que me motivavam. Em certo sentido, nada me motivava. Escolhi abrir, tirar a carapaça, afrouxar as rédeas. Digo "escolhi", mas não me parecia realmente possível fazer o contrário.

Por outro lado, eu não tinha consciência de motivos nenhuns. O leitor poderia argumentar que eu não era um agente livre, mas estou mais inclinado a pensar que aquilo chegou mais perto de ser um ato perfeitamente livre do que a maior parte das coisas que eu já fizera até então. Necessidade pode não ser o contrário de liberdade, e talvez um homem tenha maior liberdade quando, em vez de alegar motivos, possa dizer apenas: "Eu sou o que faço". Depois veio a repercussão no plano imaginativo. Senti-me como se fosse um boneco de neve que, depois de longo tempo, começasse a derreter. O derretimento começava pelas costas — gotejando, depois escorrendo. Não posso dizer que gostei da sensação.

A raposa fora expulsa da Floresta Hegeliana e agora corria em campo aberto, "com toda a angústia do mundo", desgrenhada e exausta, os cães já em seu encalço. E quase todos agora (de uma forma ou de outra) faziam parte da

Surpreendido pela alegria

matilha: Platão, Dante, MacDonald, Herbert, Barfield, Tolkien, Dyson, a própria Alegria. Tudo e todos se haviam unido do outro lado. Até meu próprio aluno Griffiths — hoje dom Bede Griffiths —, mesmo não sendo ele crente, teve sua participação. Certa vez, quando ele e Barfield almoçavam em meu quarto, calhei de me referir à filosofia como "um objeto". "Para Platão não era um *objeto*" — disse Barfield —, "mas um caminho". A concordância tácita, mas inflamada, de Griffiths e o rápido olhar de entendimento entre os dois revelou-me minha frivolidade. Bastava já o que fora pensado, dito, sentido e imaginado. Era hora de fazer algo.

Pois, logicamente, havia muito tempo que uma ética (teoricamente) se ligava a meu idealismo. Eu pensava que nossa tarefa — nós, as almas finitas e meio irreais — era multiplicar a consciência do Espírito ao ver o mundo de ângulos diferentes, embora permanecendo qualitativamente iguais ao Espírito; ligar-se a determinado espaço-tempo e conjunto de circunstâncias, embora ali exercendo a vontade e o pensamento como o próprio Espírito o faz. Isso era complicado, pois o próprio ato por meio do qual o Espírito projetava as almas e o mundo dava a essas almas interesses diferentes e competitivos, de forma que havia a tentação ao egoísmo.

Mas eu pensava que cada um de nós tinha o poder de descontar a perspectiva emocional gerada pela própria individualidade específica, assim como descontamos a perspectiva ótica gerada por nossa posição no espaço. Preferir minha felicidade à do meu próximo era como pensar que o posto telegráfico mais próximo era realmente o maior. O meio de reaver, e influenciar, essa visão universal e objetiva era nos lembrarmos a cada dia e a cada hora de nossa verdadeira natureza, reascendendo e voltando àquele espírito que afinal nós ainda éramos, se é que éramos algo. Sim, mas então pensei que seria melhor tentar fazê-lo. Enfrentei finalmente (nas palavras de MacDonald) "algo que simplesmente deveria ser *feito* — nem mais nem menos, nem outra coisa qualquer". É preciso tentar alcançar a completa virtude.

Aliás, para um jovem ateu é impossível defender sua fé com total eficácia. Perigos espreitam em toda parte. Você não deve fazer, nem mesmo tentar fazer, a vontade do Pai, a menos que esteja preparado para "tomar consciência da doutrina". Todos os meus atos, desejos e pensamentos deveriam ser postos em harmonia com o Espírito universal. Pela primeira vez examinei-me a mim mesmo com um propósito seriamente prático. E ali encontrei o que me assustou; um bestiário de luxúrias, um hospício de ambições, um canteiro de medos, um harém de ódios mimados. Meu nome era legião.

É claro que eu nada podia fazer — nem mesmo perdurar por uma hora mais — sem recorrer contínua e conscientemente àquilo a que eu chamava Espírito. Mas a distinção sutil e filosófica, entre isso, de um lado, e, de outro, o que as pessoas comuns chamam "orar a Deus", vai ao chão assim que você começa a fazê-lo sinceramente. O idealismo pode ser discutido, e até sentido, mas não pode ser vivido. Tornara-se visivelmente absurdo continuar considerando o "Espírito" algo que desconsiderasse minhas abordagens ou se mostrasse passivo diante delas. Mesmo que minha filosofia fosse verdadeira, como é que a iniciativa poderia estar em minhas mãos?

Minha analogia, como percebi então pela primeira vez, sugeria o contrário: se Shakespeare e Hamlet pudessem algum dia se encontrar, seria sem dúvida um ato de

Shakespeare.[3] A Hamlet não cabia iniciativa alguma. Talvez, mesmo agora, meu Espírito Absoluto ainda difira de algum modo do Deus da religião. A verdadeira questão ainda não estava presente, pelo menos ainda. O verdadeiro terror é que, se você acredita sinceramente mesmo no "Deus" ou "Espírito" que eu admitia, desenvolve-se uma situação completamente nova.

Assim como os ossos secos se batiam e se ajuntavam naquele tenebroso vale de Ezequiel, agora também um teorema filosófico, cerebralmente acalentado, começava a agitar-se e a erguer-se, lançando para longe a mortalha e pondo-se de pé para tornar-se presença viva. Eu não mais teria permissão para brincar de filosofia. Talvez, como hoje penso, ainda fosse verdade que meu "Espírito" diferisse de algum modo do "Deus da religião popular". Meu Adversário abriu mão desse ponto. Mergulhou em total irrelevância. Ele não se disporia a discutir a questão. Disse somente: "Eu sou o Senhor"; "Eu sou o que sou"; "Eu sou".

Pessoas naturalmente religiosas encontram dificuldade em compreender o horror de tal revelação. Agnósticos cordiais falam sem relutância sobre "o homem em busca de Deus". Para mim, como eu pensava então, eles podiam muito bem falar sobre o rato em busca do gato. A melhor imagem de minha triste situação é o encontro entre Mime e Wotan no primeiro ato de *Seigfried; hier brauch' ich nicht Spärer noch Späher, Einsam will ich...* (Espiões e bisbilhoteiros de nada me servem. Prefiro ficar só...)

---

[3]Isto é, Shakespeare poderia, teoricamente, fazer que ele mesmo aparecesse como Autor dentro da peça, escrevendo um diálogo em que ele mesmo conversasse com Hamlet. O "Shakespeare" inserido na peça seria, é claro, ao mesmo tempo Shakespeare e uma das criaturas de Shakespeare. Traria em si alguma analogia com a Encarnação.

Lembre o leitor que eu sempre quisera, acima de tudo, não sofrer "interferências". Queria (desejo insensato) "chamar minha a minha alma". Sempre me preocupara muito mais em evitar o sofrimento do que em alcançar o êxtase. Sempre almejara responsabilidades limitadas. O próprio sobrenatural fora para mim, primeiro, uma bebida ilícita, e depois, como na reação de um ébrio, elemento nauseante. Mesmo a tentativa mais recente de viver minha filosofia fora secretamente (agora o sabia) cercada de toda sorte de reservas. Eu sabia muito bem que meu ideal de virtude jamais poderia me levar a algo intoleravelmente doloroso; eu seria "racional". Mas agora o que fora ideal tornava-se ordem; e o que não se deveria exigir de mim?

Sem dúvida, por definição, Deus era a própria Razão. Mas também seria ele "racional" naquele outro sentido, mais confortável? Quanto a isso, eu não tinha a menor garantia. Exigia-se submissão total, o absoluto salto na escuridão. Envolvia-me a realidade com a qual acordo nenhum se pode fazer. A exigência não era nem sequer "Tudo ou nada".

Acho que esse estágio já fora superado, no andar superior do ônibus em que me livrei da carapaça e em que o boneco de neve começou a derreter. Agora a exigência era simplesmente "Tudo".

O leitor precisa imaginar-me sozinho naquele quarto em Magdalen, noite após noite, sentindo — sempre que minha mente se desviava um instante que fosse do trabalho — a aproximação firme e implacável dele, aquele que com tanta determinação eu não desejava encontrar. O que eu tanto temia pairava afinal sobre mim. Cedi enfim no período letivo posterior à Páscoa de 1929, admitindo que Deus era Deus, e ajoelhei-me e orei: talvez, naquela noite, o mais deprimido e relutante convertido de toda a Inglaterra.

Não percebi então o que se revela hoje a coisa mais ofuscante e óbvia: a humildade divina que aceita um converso mesmo em tais circunstâncias. O Filho Pródigo afinal caminhava para casa com as próprias pernas. Mas quem é que pode respeitar de fato o Amor que abre os portões a um pródigo que é arrastado para dentro, esperneando, lutando, ressentido e girando os olhos em torno, à procura de uma chance de fuga? As palavras *compelle intrare*, forçá-los a entrar, foram tão violentadas por homens impiedosos que chegamos a estremecer diante delas; mas, entendidas de forma correta, determinam a profundidade da misericórdia divina. A dureza de Deus é mais suave que a suavidade dos homens, e sua coerção é nossa libertação.

CAPÍTULO 15

O início

*Aliud est de silvestri cacumine videre patriam pacis...
et aliud tenere viam illuc ducentem.*

Pois uma coisa é ver a terra da paz de um cume coberto de matas...
e outra é trilhar o caminho que a ela conduz.

— Agostinho, *Confissões*, VII, xxi

É preciso esclarecer que a conversão registrada no capítulo anterior foi somente ao teísmo, puro e simples, e não ao cristianismo. Eu ainda nada sabia da Encarnação. O Deus ao qual eu me submetera era absolutamente não humano. O leitor talvez pergunte se meu terror chegou a ser aliviado pela ideia de que agora eu me aproximava da fonte da qual aquelas flechas da Alegria vinham sendo desferidas contra mim desde a infância. Mas a resposta é clara: nem um pouco. Até então absolutamente nada me sugeria que houvera, ou algum dia haveria, alguma ligação entre Deus e a Alegria. No máximo, exatamente o oposto. Eu esperava que o âmago da realidade fosse de tal espécie, que a melhor maneira possível de simbolizá-lo seria um lugar; em vez disso, descobri ser uma Pessoa. Pois, segundo imaginava, a rejeição total daquilo que eu chamava Alegria talvez fosse uma das exigências, talvez fosse mesmo a primeira exigência que ele me faria. Não se ouviam acordes vindos lá de dentro, nem a fragrância de pomares eternos à entrada, quando fui arrastado porta adentro. Absolutamente nenhum tipo de desejo se via presente.

Minha conversão não envolvia até então crença alguma em uma vida futura. Hoje relaciono entre minhas maiores graças o fato de ter podido por vários meses, talvez por todo um ano, conhecer a Deus e tentar obedecer-lhe sem sequer levantar essa questão. Meu treinamento foi como o dos judeus a quem o Senhor se revelou séculos antes de haver um sussurro sequer de algo melhor (ou pior) no além-túmulo que um sombrio e informe *Sheol*. Eu nem mesmo sonhava com isso.

Há homens, homens bem melhores que eu, que fizeram da imortalidade praticamente a doutrina central de sua religião; mas, quanto a mim, não vejo como a preocupação com tal questão logo no início deixe de corromper toda a doutrina. Eu fora levado a crer que bondade era bondade somente se fosse desinteressada e que qualquer esperança de recompensa ou medo de castigo contaminava a vontade. Se estava errado nisso (a questão é na verdade muito mais complexa do que eu então julgava), meu erro foi desculpado do modo mais terno.

Eu temia que ameaças ou promessas me desmoralizassem; mas não se fizeram nem ameaças nem promessas. As ordens eram inexoráveis, mas não foram apoiadas por "sanções". Devia-se obedecer a Deus simplesmente por ser ele Deus. Desde cedo, pelos deuses de Asgard, e mais tarde pela noção de Absoluto, o Senhor me ensinara como uma coisa pode ser

O início

honrada não pelo que pode fazer, mas pelo que é em si mesma. É por isso que, embora fosse um terror, não foi surpresa descobrir que se deve obedecer a Deus por causa do que ele é em si mesmo. Se o leitor perguntar por que devemos obedecer a Deus, como último recurso a resposta é a seguinte: "Eu sou". Conhecer a Deus é saber que devemos obediência a ele. Em sua natureza, sua soberania *de jure* se revela.

É claro, como eu já disse, que a questão é mais complexa que isso. O Ser primeiro e necessário, o Criador, tem soberania tanto *de facto* quanto *de jure*. Ele detém o poder, o reino e a glória.

Mas a soberania *de jure* me foi dada a conhecer antes do poder, o direito antes da força. E por isso sou grato. Acho que é bom, mesmo hoje, às vezes dizer a si mesmo: "Deus é tal que, se *(per impossibile)* seu poder pudesse sumir, permanecendo os outros atributos, de forma que o supremo direito fosse para sempre retirado do supremo poder, ainda assim deveríamos dedicar-lhe exatamente o mesmo tipo e grau de lealdade que dedicamos hoje".

Por outro lado, embora seja correto dizer que a própria natureza de Deus seja a verdadeira sanção de suas ordens, a compreensão disso deve, no final, levar-nos à conclusão de que a união com essa Natureza é bem-aventurança, e o isolamento dela, horror. Assim entram em cena o Céu e o Inferno. Mas também pode ser que pensar muito em qualquer dos dois, exceto nesse contexto de pensamento, atribuindo-lhes existência real como se tivessem significado essencial separado da presença ou da ausência de Deus, acabe corrompendo a doutrina de ambos, corrompendo-nos também enquanto sustentamos essa ideia.

A última fase de minha história, a transição do mero teísmo ao cristianismo, é aquela sobre a qual tenho hoje menos conhecimento. Como é também a mais recente, essa ignorância pode parecer estranha. Acho que há duas razões. Uma é que, ao envelhecer, lembramo-nos melhor do passado mais distante do que mais próximo. Mas a outra, acredito, é que um dos primeiros resultados de minha conversão teísta foi um marcante decréscimo (que já vinha tarde, como todos os leitores deste livro hão de concordar) na atarantada atenção que havia muito eu prestava ao progresso de minhas opiniões e estados mentais.

Para muitos extrovertidos saudáveis, a autoanálise começa primeiro com a conversão. Para mim, foi quase o inverso. A autoanálise de fato continuou. Mas passei a fazê-lo (suponho, pois não lembro bem) a intervalos fixos e por uma razão prática: era então um dever, uma disciplina, uma coisa incômoda, e não mais um passatempo, um hábito. Crer e orar marcaram o início da extroversão. Fui, como dizem, "arrancado de dentro de mim mesmo". Se o teísmo nada mais tivesse feito de bom por mim, ainda assim deveria ser-lhe grato por ter me curado da prática tola e custosa de manter um diário. (Mesmo para propósitos autobiográficos, o diário não é tão útil quanto eu esperava. Você anota todo dia aquilo que julga importante; mas logicamente não pode todo dia adivinhar aquilo que se provará importante a longo prazo.[1])

Assim que me tornei teísta, comecei a frequentar a igreja de meu bairro aos domingos e a capela da faculdade nos dias

---

[1] O único benefício verdadeiro que obtive do hábito de manter um diário foi que isso me ensinou a apreciar com justiça a impressionante genialidade de Boswell. Esforçava-me ao máximo por reproduzir conversas, de algumas das quais haviam participado pessoas bastante espirituosas e até notáveis. Mas nenhuma dessas pessoas chegou a reviver no diário. Claro, algo bem diferente do mero relato entrava na descrição que Boswell fazia de Langton, Beauclerk, Wilkes e outros.

de semana; não por acreditar no cristianismo, não por julgar pequena a diferença entre o cristianismo e o teísmo, mas por achar que devemos "desfraldar nossa bandeira" com algum sinal visível e inequívoco. Eu agia em obediência a um (talvez equivocado) senso de honra.

A ideia de participar de uma igreja era para mim totalmente sem atrativos. Eu não era nem um pouco anticlerical, mas sem dúvida profundamente antieclesiástico. Achava incrível que arcediagos, curas e oficiais devessem existir. Eles satisfaziam meu amor jenkiniano por tudo o que tem sabor intenso e único. E (à exceção do Velho) eu fora feliz em minhas relações clericais; especialmente com Adam Fox, o decano de Teologia de Magdalen, e Arthur Barton (mais tarde arcebispo de Dublin), que fora nosso prior em minha cidade natal, na Irlanda. (Ele, a propósito, também sofreu nas mãos do Velho em Belsen. Falando da morte do Velho, eu lhe disse: "Bem, acho que nunca mais vamos *vê-lo* novamente". "*Esperamos* que não, não é?" — respondeu ele, com um sorriso sombrio.)

Mas, embora eu gostasse de clérigos tanto quanto de ursos, tinha tão pouca vontade de pertencer à igreja quanto de visitar um zoológico. Era, para começo de conversa, uma espécie de organismo coletivo, uma cansativa "reunião social". Não conseguia entender como é que uma coisa daquele tipo poderia ter alguma relação com a vida espiritual. Para mim, religião dizia mais respeito a homens bons orando a sós e encontrando-se de dois a dois, ou de três a três, para conversar sobre questões espirituais. E, depois, toda aquela agitação, aquela amolação e perda de tempo! Os sinos, as multidões, os guarda-chuvas, os avisos, a agitação, o eterno planejar e organizar. Os hinos eram (e são) para mim extremamente desagradáveis. De todos os instrumentos musicais, gostava (e gosto) menos do órgão. Tenho também uma espécie de *acanhamento* espiritual que me torna inepto para participar de qualquer rito.

Assim, minhas idas à igreja eram uma prática meramente simbólica e provisória. Se de fato me ajudou a avançar na direção cristã, eu não tinha (como não tenho) consciência disso. Minha principal companhia nesse trecho da estrada foi Griffiths, com quem eu mantinha copiosa correspondência. Ambos agora críamos em Deus e estávamos dispostos a ouvir mais sobre ele de qualquer fonte, pagã ou cristã. Na minha mente (não posso falar pela dele, e ele mesmo contou sua fascinante história em *The golden string* [A corda de ouro]), a assombrosa multiplicidade de "religiões" começava a se organizar. A verdadeira chave fora colocada em minhas mãos por aquele ateu empedernido, quando disse: "Coisa esquisita toda aquela história sobre o Deus que morre. Chega até a parecer que aquilo realmente aconteceu"; fora colocada por ele e também pelo encorajamento de Barfield a favor de uma atitude mais respeitosa, ou até mais extasiada, diante do mito pagão.

A questão já não era encontrar a única religião simplesmente verdadeira entre mil religiões simplesmente falsas. Era, antes: "Onde a religião atingiu a verdadeira maturidade? Onde as sugestões de todo o paganismo foram cumpridas, se é que o foram?". Com os não religiosos, eu já não me preocupava; sua concepção de vida já não era mais levada em conta. Pois, em contraste com eles, toda a multidão daqueles que adoraram — todos os que dançaram, e cantaram, e sacrificaram, e estremeceram, e cultuaram — estava claramente correta. Mas o intelecto e a consciência, bem como a orgia e o ritual, deveriam nos guiar. Não se poderia sequer cogitar regredir ao primitivo paganismo — desprovido do caráter teológico e não moralizado.

O início

O Deus que eu havia afinal reconhecido era único, e era justo. O paganismo fora somente a infância da religião, ou apenas um sonho profético. Onde a coisa se desenvolvera plenamente? Ou onde estava o despertar? (*O homem eterno* me estava ajudando aqui.) Só existiam de fato duas respostas possíveis: ou no hinduísmo, ou no cristianismo. Todo o resto fora ou preparação para essas duas religiões, ou senão *vulgarização* (no sentido de disseminação) delas. Tudo o que você pudesse encontrar em qualquer outro lugar, encontraria também numa das duas, só que de uma forma mais evoluída. Mas o hinduísmo parecia ter duas desvantagens. Em primeiro lugar, não parecia ser tanto a maturidade moralizada e filosófica do paganismo, mas mera coexistência não partilhada de filosofia e paganismo não depurado; o brâmane meditando na floresta, mas, na vila distante dali poucos quilômetros, prostituição no templo, *sati*,[2] crueldade, monstruosidade.

Em segundo lugar, não havia base histórica como no cristianismo. Na época, eu já era experimentado demais na crítica literária para achar que os Evangelhos fossem mitos. Eles não tinham o sabor mítico; no entanto, a própria essência que revelavam a seu modo não artístico e histórico — aqueles judeus estreitos e pouco atraentes, cegos demais diante da riqueza mítica do mundo pagão em torno deles — era exatamente a essência dos grandes mitos. Se alguma vez um mito se tornara fato, fora encarnado, teria sido exatamente assim. E nada mais em toda a literatura era exatamente assim. De certo modo, os mitos são como os Evangelhos. De outro, a história é como eles. Mas nada era absolutamente

---

[2] Costume de cremar a viúva hindu na pira funerária do marido. [N. T.]

como eles. E pessoa nenhuma era como a Pessoa que eles descrevem; tão real, tão reconhecível — mesmo ao longo de todo esse abismo temporal — quanto o Sócrates de Platão ou o Johnson de Boswell (dez vezes mais que o Goethe de Eckermann ou o Scott de Lockhart); no entanto, também numinosa, iluminada por uma luz estranha ao mundo, um deus. Mas, se deus — já não somos politeístas —, então não deus, mas Deus. Aqui, e somente aqui, em toda a extensão do tempo, o mito deve ter-se tornado fato; a Palavra, carne; Deus, Homem. Não se trata de "uma religião", nem de "uma filosofia". É o resumo e a realidade de todas elas.

Como eu já disse, falo desta última transição com menos certeza em comparação com qualquer das precedentes; e talvez no parágrafo anterior eu tenha misturado ideias que me vieram mais tarde. Mas dificilmente estarei equivocado quanto às linhas gerais. De uma coisa estou certo. Ao me aproximar do desfecho, sentia uma resistência quase tão forte como minha resistência anterior ao teísmo. Igualmente forte, porém mais efêmera, pois eu a entendia melhor.

Cada passo que dei, do Absoluto ao "Espírito", e deste a "Deus", fora um passo rumo ao mais concreto, ao mais iminente, ao mais compulsivo. A cada passo havia menos chance de "chamar de minha a minha alma". Aceitar a Encarnação era mais um passo na mesma direção. Algo que tornaria Deus mais próximo, ou próximo de uma nova maneira. E isso, descobri, era algo que eu não queria. Mas reconhecer a razão de minha fuga era, claro, reconhecer também sua vergonha e inutilidade.

Sei muito bem quando se deu o passo final, embora me escape como isso se deu. Fui levado até Whipsnade em uma manhã ensolarada. Quando partimos, eu não acreditava que Jesus Cristo é o Filho de Deus e, quando chegamos ao

O início

zoológico, já acreditava. Todavia, não passei exatamente a viagem toda perdido em pensamentos. Nem dominado por grande emoção. "Emocional" é talvez a última palavra que podemos aplicar a alguns dos fatos mais importantes. Foi mais como quando um homem, depois de longo sono, ainda deitado imóvel na cama, toma consciência de que não está desperto. E foi, como no episódio do piso superior do ônibus, ambíguo. Liberdade ou necessidade? Ou será que as duas coisas diferem em seu auge? Nesse auge, o homem é o que faz; não há nada dele que fique de fora do ato, ou dele reste. Quanto ao que normalmente chamamos Vontade e ao que normalmente chamamos Emoção, acho que em geral essas duas falam alto demais e protestam demais para merecer confiança — e temos uma secreta suspeita de que a grande paixão ou a resolução férrea é em parte obra fraudulenta.

Estragaram Whipsnade desde aquela época. Wallaby Wood, com os passarinhos cantando lá em cima, os jacintos cá embaixo e os canguruzinhos saltitando ao redor, era quase o Éden restaurado.

Mas, para encerrar, e a Alegria? Pois foi principalmente em torno dela, afinal, que o relato se desenvolveu. Para dizer a verdade, o assunto para mim perdeu quase todo o interesse depois que me tornei cristão. Na verdade, não posso reclamar, como Wordsworth, que o brilho visionário tenha morrido. Creio (se é que a coisa de fato merece registro) que a velha punhalada, o velho sentimento de doce amargor, atinge-me desde minha conversão com tanta frequência e agudez quanto em qualquer outro momento de minha vida. Contudo, hoje sei que a experiência, considerada um estado de minha mente, nunca teve a importância que cheguei a dar-lhe. Foi valiosa somente como indicador de algo distinto e exterior.

Enquanto essa coisa distinta era posta em dúvida, o indicador naturalmente ocupava grande espaço em meus pensamentos. Quando estamos perdidos na mata, a visão de um marco tem grande importância. Quem o vê primeiro, grita: "Olhem lá!". Todo o grupo se reúne e tenta enxergar. Mas, depois de encontrar a estrada, passando pelos marcos a cada poucos quilômetros, não mais paramos para olhar. Eles nos encorajam, e devemos mostrar-nos gratos pela autoridade que os erigiu. Mas não paramos para olhar, ou pelos menos não lhes damos importância excessiva; não nesta estrada, embora os marcos sejam de prata e as inscrições, de ouro. "Seguimos para Jerusalém."

Não que eu, é claro, não me surpreenda muitas vezes parando à margem da estrada para olhar objetos de importância ainda menor.

Surpreendido
pela alegria

Outros livros de C. S. Lewis pela THOMAS NELSON BRASIL

A abolição do homem
A anatomia de um luto
Até que tenhamos rostos
A última noite do mundo
Cartas a Malcolm
Cartas de C. S. Lewis
Cartas de um diabo a seu aprendiz
Cristianismo puro e simples
Deus no banco dos réus
George MacDonald
Milagres
O assunto do Céu
O grande divórcio
Os quatro amores
O peso da glória
O problema da dor
Reflexões cristãs
Sobre histórias
Todo meu caminho diante de mim
Um experimento em crítica literária

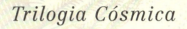

Trilogia Cósmica

Além do planeta silencioso
Perelandra
Aquela fortaleza medonha

Coleção fundamentos

Como cultivar uma vida de leitura
Como orar
Como ser cristão

Este livro foi impresso pela Ipsis, em
2021, para a Thomas Nelson Brasil.
O papel do miolo é pólen soft 80g/m²,
e o da capa é couchê 150g/m².